Kelten · Götter
Heilige

Georg
Rohrecker

Kelten · Götter
Heilige

Mythologie
der
Ostalpen

Pichler Verlag

Inhalt

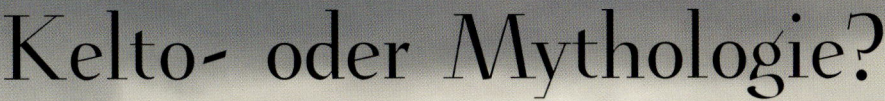

Kelto- oder Mythologie?

Eine notwendige Einführung

Die Beschäftigung mit den „Kelten" oder „Galliern" kann auf sehr vielfältige Weise angeregt werden. Die einen haben den ersten Kontakt über die vortrefflichen Comics von „Asterix & Obelix" genossen, die anderen ackerten sich – dank „differenziertem" Schulsystem – im Lateinunterricht durch Caesars Rechtfertigungsschrift über dessen „Gallischen Krieg". Die breite Palette des Umgangs mit unseren „prähistorischen Ahnen" kann zwischen exotischer Spielerei und akademischem Bierernst schwanken. Doch insgesamt sind „die Kelten" seit geraumer Zeit „in"!

Näher besehen, ist das jeweilige, eigentlich rückwärts gewandte Streben nur konsequent! In einer Zeit, in der fast alle ideellen und sozialen Wertmaßstäbe und Tabus auf den Altären des „Zeitgeists" geopfert worden sind, in der die „Herrschaft des Mittelmäßigen" nicht die „Achse", sondern die „Banalität des Bösen" im Weltmaßstab zur Regel gemacht hat, in der die bitterste Satire ständig von der unerbittlichen Wirklichkeit überholt wird, in so einer Zeit boomen Themen, die sich mit (vermeintlichen) „Alternativen" zu einem weitgehend sinnentleerten „Hier und Heute" beschäftigen. (Schade, dass keine neuen Asterix-Abenteuer mehr zu erwarten sind, kein Asterix in Raetien, Norikum oder Pannonien!)

Bei der seelisch notwendigen „Sinnsuche" sind wir leider nur einmal mehr mit dem globalen Trend und dem folgenschweren Erbe der jüngeren eigenen Vergangenheit konfrontiert: Mit der in der ersten Hälfte des 20. Jahrhunderts erfolgten radikalen Ausrottung der Kultur mittels Rassismus, Terror und Gas, die fatalerweise den Konjunktur-Rittern der zweiten Hälfte desselben höchst gelegen kam, weil sie ihnen „die Bahn frei" gemacht hatte, skrupellos und mit oft erschreckend geringer Qualifikation in fast allen Bereichen zu obsiegen.

Denn, so formulierte es André Heller: „Die Mehrheit der Politiker und ihrer Wähler begrüßte insgeheim und gelegentlich auch lauthals die schöpferische Ausblutung des Landes als eine Art Schutzschild für die Herrschaft der Mittelmäßigen ... Denn ob Dichter oder Universitätsprofessor, ob Komponist oder Leitartikler ... im Österreich nach 1945 mußte man sich sehr viel weniger anstrengen, um zwischen Wien und Salzburg, Bregenz, Klagenfurt, Innsbruck und Graz als große Nummer zu gelten als in allen Österreichs davor."

Im Zusammenhang mit unseren Themen „Kelten" und „Mythen" sind wir mit der vielleicht überraschenden Tatsache konfrontiert, dass diese gerade bei den „die Straße frei" machenden „braunen Bataillonen" bzw. den Fäden ziehenden Nazi-Germanen und ihren Wegbereitern bereits ungeahnte Konjunktur hatten. Zwar stülpten die willfährigen heimischen Parteigänger unter den Lehrern und Heimatforschern zur geforderten „Aufnordung" der Ostalpen ihrer Heimat kleinkariert aber umso eifriger Wotans ferne Scharen, importierte Götter und Helden und diverse „germanische" Bräuche *en masse* über. Doch die schon lange zuvor tonangebenden deutschen Machthaber und Kriegstreiber selbst hatten ironischerweise einen wesentlich größeren Horizont als ihre fleißigen ostalpinen Adepten und nutzten auch „die Kelten".

Schon bei der Vorbereitung zum Ersten Weltkrieg hatten die deutschen Kriegsplaner und Strategen insbesondere auch die „Kelten" an den Rändern Europas für sich entdeckt. Deren „Förderung" und einschlägige Aufarbeitung schien ein vortrefflich geeignetes politisches Mittel, die potentiellen Haupt-Kriegsgegner England und Frankreich mit einer Art „fünften Kolonne" jeweils im Land selbst zu schwächen, wo sich separatistische, extremistisch-nationalistische Strömungen mit Inbrunst auf „keltische Wurzeln" beriefen.

In diesem brisanten Zusammenhang gewann damals die universitäre deutsche „Keltologie", deren eifrige Agenten sich besonders in Irland, aber auch in Schottland, Wales und in der Bretagne einschlägig als „geistige Entwicklungshelfer" und Brandstifter betätigten – schon im Ersten und dann gerade auch im Zweiten Weltkrieg –, in gewisser Weise buchstäblich „Narrenfreiheit" und wurde zu einer wichtigen Speerspitze in der ideologischen Kriegsführung.

Doch ob Keltologie, „nordische" oder keltische Mythologie: Es versteht sich, dass wir im eigenen Haus heute auf solchen Ballast verzichten und den Zugang zum eigenen Erbe relativ „barrierefrei" gestalten wollen. Iren, Schotten, Waliser und Bretonen brauchen uns im dritten Jahrtausend ohnehin nicht mehr. Und wir kümmern uns umgekehrt statt um irisches Bier und Shamerock-Muster in dessen Schaum und um ähnlich nostalgische Romantik polyglotter „Fremdenlegionäre" lieber endlich um das – bislang leider weitgehend vernachlässigte – eigene keltische Erbe, um die eigene Identität!

Die Kelten eifrig und unverdrossen an den Rändern Europas zu suchen, gehört zwar noch immer zum „guten Ton" unter manch eingeweihten Keltenfreunden. Doch so verlockend ferne Destinationen auch sein mögen: Was die Kelten betrifft, geht der Drang bei allem angewandten Fleiß eindeutig in die falsche Richtung! In Wahrheit spielten nämlich gerade unsere Ostalpen eine zentrale Rolle bei der Herausbildung des „Keltischen". Ja, „bei Belenus und Taranis", sogar die Spuren der keltischen Gottheiten sind hierzulande besonders dicht. Wie sehr, das zeigen wir Ihnen auf den folgenden Seiten.

Salzburg, im Mai 2007, Georg Rohrecker

Nachsatz: Wenn Sie dazu mehr wissen wollen, als hier zwischen den Buchdeckeln Platz gefunden hat, besuchen Sie die derzeit bereits über 450 „Kelten-Seiten" des Autors im Internet unter *www.diekelten.at* oder *www.diekelten.eu*!

Vorhergehende Doppelseite: Ein Ort der keltischen „Anderswelt": der Salzburger Untersberg. Foto: Gerhard Trumler. S. 2/3: Die Hochtorgruppe im Gesäuse. S. 4/5: In der Palfauer Wasserlochklamm im Naturpark Eisenwurzen. Fotos: Willfried Gredler-Oxenbauer.

Wie nehmen wir ihn denn?

Über den passenden Zugang zu unserem Keltenerbe

Halten wir gleich zu Beginn fest: Nicht nur nach Rom führen viele Wege. Auch zu „den Kelten" gibt es unzählige, aus unterschiedlichen Motiven oft recht unterschiedlich angelegte Zugänge. Zusammengenommen bildeten und bilden diese ein großes Potential, das uns hilft unser keltisches Erbe und den Anteil unserer eigenen Vorfahren an der für Europa wegweisenden keltischen Kultur ins rechte Licht zu rücken – und unsere eigene Identität besser zu verstehen.

Zwar steckt die „Lösung" in der sinnvollen Verknüpfung der vielen Wege, doch dem steht nur zu oft kafkaesker bis kindischer Streit darüber entgegen, was „richtig" und was „falsch" und welcher Schrebergärtner oder Elfenbeinturmhüter wohl im Besitz der „gültigen Wahrheit" sei. Und zugespitzt wird das Ganze schließlich noch durch die Tatsache, dass Wissenschaft in allen ihren Zweigen in hohem Grad politisch ist und auch so verwendet wird.

Gerade die Geschichtswissenschaften sind seit Jahrhunderten – insbesondere seit dem letzten – besonders geschlagen mit tiefgreifender ideologischer Vereinnahmung. Doch das ist an sich kein neuer Aspekt. Geschichte wird, seit es sie gibt, in der Regel aus der Sicht der Sieger überliefert. Und da im Hinblick auf unser Thema bekanntlich Caesar die Gallier besiegte, wurde seine Rechtfertigungsschrift *Commentarii de Bello Gallico* zur bis heute mit unermüdlichem Eifer zitierten Hauptquelle über „die Kelten", ihr Leben und ihre Götter.

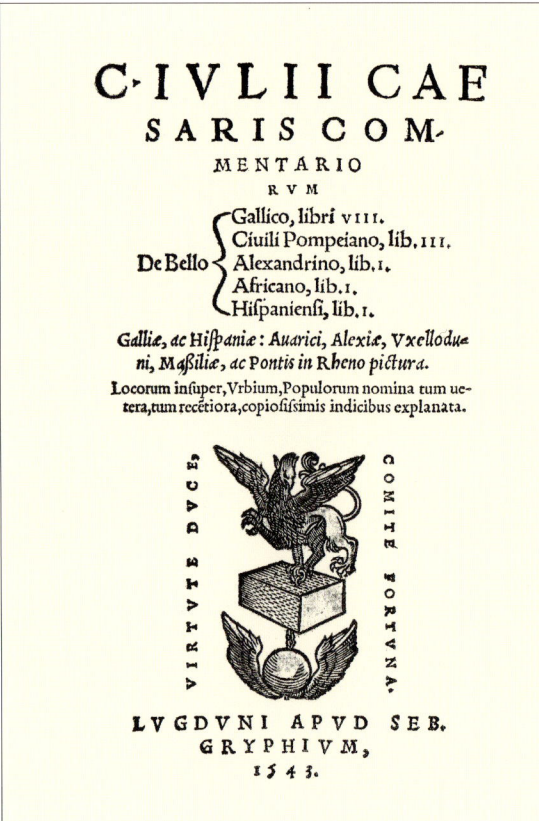

Die Archäologie konnte dieses überlieferte Keltenzerrbild zwar mittlerweile in weiten Teilen ergänzen und erhellen. Doch sucht ein beträchtlicher Teil der klassisch gebildeten Gelehrten die neuen Funde erst wieder mit den angelernten alten „konservativen" Erklärungsmustern in Einklang zu bringen. Verbunden mit einem nicht geringen Gruppendruck führt dies nach wie vor dazu, dass die antiken

Interpretationen der erklärten Feinde der Kelten bis heute auch weitgehend das Denken der Nachfahren der Kelten selbst bestimmen.

Vom bis zur Sättigung ausgeschlachteten Kessel von Gundestrup in Dänemark bis zur Schnabelkanne vom Dürrnberg über Hallein: Die schönsten „Bilderbücher" unserer keltischen Vorfahren zu ihrer Religion und ihrem Weltbild werden noch immer mit probat irreführenden Rückgriffen auf das Denken römischer Feldherren und Poeten erklärt, fehlinterpretiert und „unschädlich" gemacht. (Der keltische Atmosphäre-Heros Taranis wäre z. B. von seinen Anhängern niemals symbolisch als amphibienartiges Kriechtier oder als bucklige Katze dargestellt worden.)

Ein Teil der KeltenforscherInnen versucht überhaupt, sich dem Dilemma der erdrückenden Ideologisierung durch eine Art Flucht in möglichst „messbare Fakten" zu entziehen, für welche das vorhandene archäologische Fundmaterial genug Anhaltspunkte bietet. Doch was bringt die Beschränkung auf die „Technologie" wirklich? Exakte Größenangaben waren schon vor der Einführung des metrischen Systems problemlos zu machen. Auch das verwendete Material der Fundgegenstände konnte seit langem recht präzise beschrieben werden. Ja die moderne Wissenschaft hat mittlerweile dank technischer Errungenschaften selbst den Datierungen der Fundgegenstände den Makel der Spekulation genommen. Und die Methoden der DNA-Analyse lassen sogar noch aus den unscheinbarsten Knochen aufschlussreiche Verwandtschaftsverhältnisse rekonstruieren – die übrigens schon lange die rassistischen Zuwanderungs- bzw. Eroberungs-Theorien ad absurdum geführt hätten.

Dennoch führt bei aller Faszination der Möglichkeiten der Technik im Dienste der Wissenschaft kein Weg am Wesentlichen vorbei, am Stellenwert von Weltanschauung, Mythos und Religion zum konkreten Verständnis früherer Kulturen – insbesondere der eigenen – die bei näherer Betrachtung in mehr oder weniger deutlicher Form bis in die Gegenwart reichen. Hier helfen keine wie immer motivierten

Tendenziöse Geschichtsbetrachtung: Caesars unermüdlich zitierte Rechtfertigungsschrift „Commentarii de Bello Gallico" in Ausgaben aus den Jahren 1543 (links) und 1779.

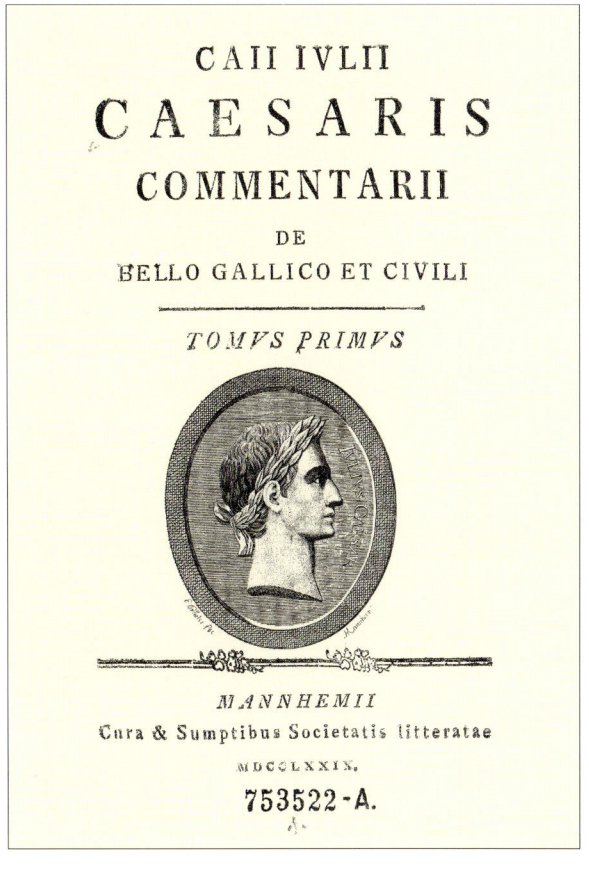

11

„Eiertänze" um den heißen Brei, den man lieber andere Kostgänger auslöffeln lässt, um diese dann bei Bedarf – ob zurecht oder nicht – sogar noch ins Esoterik-Eck oder die Geisteskrankheit (Manie) abschieben zu können. Es ist dies eine in den letzten Jahren leider nicht

unübliche rhetorische Praxis, um eventuelle eigene Unzulänglichkei-
ten aus der Schusslinie zu nehmen.

Um allerdings den messbaren „Ergebnissen der modernen archäologischen Feldforschung", denen sich übrigens hierzulande u. a. seit rund

sieben Jahren ein „18-köpfiges Redaktionsteam" europäischer Kelten-spezialisten zur Herausgabe eines zweibändigen Lexikons widmet, um „den Kelten" das für ihr Verständnis notwendige Leben einzuhauchen, wird man schließlich nicht darum herumkommen, den toten Artefakten und Grabbeigaben den damit einst eng verbundenen „Überbau" – ihren „seelischen Zusammenhang" – zurückzugeben. Ohne diesen bleiben sie lediglich tote (Wert-) Gegenstände zum Füllen von schlecht bis sehr gut ausgeleuchteten und alarmgesicherten Vitrinen – statt von einem Hauch des einstigen Lebens erfüllte Zeugen unserer eigenen Vergangenheit und Identität sein zu können.

Denn auch für „Kontinentaleuropa" oder den engeren Bereich der Ostalpen, also Österreich und die umliegenden Nachbarn gilt: „Die Kelten" – unsere Vorfahren – sind ohne Auseinandersetzung mit ihrer Weltanschauung, ihrer Religion und ihren Mythen nicht zu verstehen.

Tatsache ist, dass leider bis heute eine weitgehend von antiker „Interpretation" (vulgo Feindpropaganda) gereinigte Darstellung der zentraleuropäischen bzw. ostalpinen „Götterwelt, Mythologie und Religion" jener Zeit (die Hallstatt-Zeit als „Brutkasten" eingeschlossen) fehlt. Ohne eine solche Darstellung müssen die mit den modernsten Hilfsmitteln erzielten technologischen Ergebnisse der Archäologie zwangsläufig unbeseelte totes Stückwerk bleiben.

Ein beliebtes Schmuckstück unserer keltischen Ahnen: der Torques, ein nach vorne offener Halsreifen, oftmals aus Edelmetall gefertigt.

Unter den geschilderten Rahmenbedingungen wollen wir mit diesem Buch dem eklatanten „Notstand" bewusst auch undogmatisch Abhilfe schaffen und zuweilen provokante Denkanstöße und Orientierungshilfen bieten. Zur Not nehmen wir ihn, den prall gefüllten keltischen Koffer, „kroatisch", wie weiland der berühmte Dienstmann, nuschelnd gespielt vom „nützlichen Idol" Hans Moser! Was zum Thema keltisches Erbe und keltische Mythologie konkret bedeutet, dass wir dafür schließlich auch die – entweder wissenschaftlich diskreditierten oder sonst verpönten bis verlachten – „unorthodoxen" Seitenwege zur keltischen „Götterwelt" unserer ostalpinen Vorfahren unerschrocken mit einbeziehen.

Und siehe da: In Brauchtum, Berg-, Flur- und Gewässernamen, in den heimischen Mythen, Sagen und Legenden finden wir – bei richtiger Lösung oft verblüffend einfach – die passenden Schlüssel zur keltischen Mythologie der Ostalpen und zu unseren eigenen „Kelten-Seelen". Wer's besser kann, ohne aus den vergifteten Brunnen von Caesar und Co. zu schöpfen, der zeige seine Ergebnisse!

Wie irisch waren die Kelten,
wie keltisch die Iren – und wie unsere Ahnen?

Nahezu reflexartig verbindet sich in unseren Breiten der Begriff „Kelten" immer wieder mit Irland und mit jenen „Randgebieten" der Britischen Inseln, in denen Teile der Bevölkerung aus historischen und politischen Gründen anders als „die Engländer" sein woll(t)en, und sich für dieses „Andersein" auf „keltische Wurzeln" berufen und beriefen und damit seit dem 19. Jahrhundert ihre Befreiungskämpfe ideologisch aufmunitionierten. In Frankreich ist dieser – in gewisser Weise verständliche bzw. erklärbare – politische Separatismus, der sich mittels verklär-

Zeugt von reger Handelstätigkeit der Kelten im Ostalpenraum: der Münzfund von Lauterach aus dem Jahre 1868.

15

ter historischer Rückgriffe auf „das Keltische" zu legitimieren sucht, insbesondere für die Bretagne zu verzeichnen – und mit Asterix & Obelix wunderbar ironisch aufbereitet.

Zwar sind, bei allem Sinn für bewusstseinsbildende Romantik, gewisse Argumente und Assoziationen nicht von der Hand zu weisen, doch die Gleichung „Kelten = Irland" bzw. „Irland = Kelten" kann so natürlich nicht unwidersprochen bleiben, auch wenn ein großer Teil unseres Wissens über „die Kelten", über ihr Leben, ihre Kultur, ihr Denken und Handeln gerade aus jenen angesprochenen Randgebieten Westeuropas kommt, in denen die Römer einst kaum oder gar nicht Fuß fassen konnten – auch wenn dann ironischerweise gerade das „römische" Christentum über das „keltische" siegte.

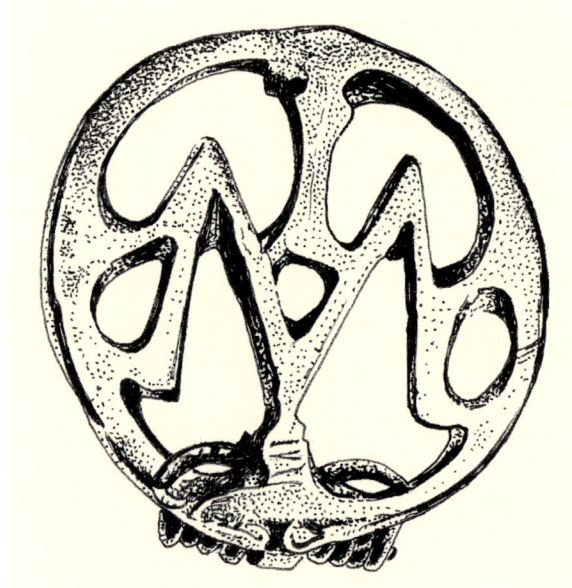

Keltische Scheibenfibel mit charakteristischer Zirkelornamentik.

Doch zurück in die „heidnische" Antike. Fest steht, dass sich die keltische Kultur bis ins letzte „vorchristliche" Jahrhundert – auch wenn die nächsten genauso wenig „christlich" waren – über große Teile Europas von Irland bis hinein nach Kleinasien, von Portugal bis nach Polen ausgedehnt hatte. In jenen Gegenden, in welchen sich die Besatzungsmacht des expandierenden Römischen Imperiums nicht etablieren konnte, blieb das „Keltische" auch noch im (frühen) Mittelalter weitgehend erhalten bzw. wurde in der Folge „schonender" adaptiert, als in den ehemaligen römischen Provinzen. Dies führte tatsächlich dazu, dass gerade Irland zu einer wahren Goldgrube für die neuzeitliche Wiederentdeckung der Kelten werden konnte, auch wenn die romantischen bis fanatisierten Fans seither oft plumpen Fälschungen oder abgefeimten politischen Winkelzügen aufsaßen.

Doch Ehre, wem Ehre gebührt! So sehr das Schrifttabu der Kelten der quasi „authentischen" Überlieferung ihrer Kultur und Mythologie im Wege stand – und sie weitgehend ihren Feinden, angeführt von Caesar und Co., überließ – so sehr machten sich dabei immer noch irische Kleriker des Frühmittelalters verdient, die das keltische Glaubensgut ihrer Vorfahren, das Bestandteil ihrer eigenen Ausbildung gewesen war, schriftlich festhielten – wenn auch abgeschwächt und verändert in solche Formen, die mit ihrem eigenen, mehr und mehr von Rom beeinflussten, Christentum „kompatibel" waren.

Aus derart keltenfreundlichem „Holz" waren dann auch die so genannten iro-schottischen Missionare geschnitzt, die nicht zuletzt die Bevölkerung der Ostalpen spezifisch „christianisieren" konnten, welche im Grunde ihres Herzens ja immer noch der Religion ihrer keltischen Vorfahren anhing. Tatsächlich war es zuvor – bis hin zu Bonifatius, einem „germanischen" Angelsachsen – den obligaten Haudraufs unter den „Glaubensboten" mit ihrer typischen „Axt-Feuer-und-Schwert-Methode" ja wirklich nicht recht gelungen, die hiesige Landbevölkerung – im dringenden Interesse der mittelalterlichen Feudalherren – katholisch, also fromm, dienstbar und gefügig zu machen.

Demgegenüber hatten die wendigeren und einfühlsameren Kirchenvertreter irischer Abstammung den Vorteil, dass sie noch immer quasi „keltisch" dachten und fühlten und ihre „heidnischen Schäfchen" auf dem „keltischen Weg" in geeigneter Manier dort abholen konnten, wo sich diese seelisch befanden.

Ein vielfach missgedeutetes Musterbeispiel für diese Art der Mission ist der große irische Abt und spätere Bischof von Salzburg, Virgil (gest. 784), der seiner Glaubensgemeinde z. B. erlaubte, ihre vertraute (keltische) „Anderswelt" im Salzburger Untersberg zu behalten, bevor der alte Mythos kurzerhand auf Karl den Großen und ähnliche „Kaliber" umgedeutet wurde.

Virgil war für seine offensichtliche Toleranz gegenüber „altkeltischen" Weltanschauungsmustern zu Lebzeiten von seinem Glaubensbruder und Intimfeind Bonifatius beim Papst in Rom denunziert worden. Doch das Wissen über diese tiefen Wurzeln unserer Identität ging sogar so weit verloren, dass findige Historiker dem gebildeten Virgil heute allen Ernstes unterstellen, es wäre dem Salzburger Abtbischof und Sohn eines irokeltischen Kleinkönigs mit der „Anderen Welt" im 8. Jahrhundert um astronomische Weisheiten, um die Kugelgestalt der Erde und um die Antipoden in Neuseeland gegangen. Weit gefehlt! Es ging damals in Sichtweite des sagenhaften Untersbergs einfach um die noch immer vorhandenen Relikte der keltischen Mythologie und Religion in Salzburg und in den Ostalpen, und darum, mit Einfühlungsvermögen daran anzuschließen. Es ging darum, die Schäfchen behutsam in den neuen Stall zu locken, statt sie mit der Axt zu bedrohen – der naturwissenschaftliche Nachruhm war Virgil sicher egal!

Am Anfang war die Frau

Weltbild und Mythen der Kelten

Bevor wir den einzelnen Göttinnen- und Göttergestalten unserer keltischen Ahnen in den Ostalpen nachspüren, wollen wir uns – wie einst der irische Abtbischof Virgil – zuerst in ihr Umfeld einfühlen, in das damals hierzulande verbreitete Weltbild und die mythologischen Vorstellungen, welche sie „bevölkerten", und die alle zusammen auf jenen konkreten und sinnlich erfahrbaren Lebensumständen beruhten, welche zwischen Ötzi und Augustus die Ostalpen prägten.

So paradox es übrigens klingen mag: Die – von den antiken Griechen in die Welt gebrachte – Logik ist bei dieser Spurensuche im Grunde nicht der „logische" Feind der Mythen. Im Gegenteil! Die Logik kann die Mythen retten – nicht nur vor ideologischer Vereinnahmung und Banalisierung, sondern einfach damit, dass die Mythen auf ihre Art besondere historische „Wahrheiten" sind, die Wurzeln und Begründungen haben, denen gerade mit Hilfe der Logik nachgespürt und auf den Grund gegangen werden kann – und Spreu von Weizen trennt!

Wir bleiben damit aber nicht in einer längst „überlebten" Vergangenheit haften, sondern gewinnen Schlüssel für das Verständnis manchmal recht aktueller ostalpiner „Eigenheiten", bei denen sich allerdings auch oft die Frage stellt, ob wir stolz drauf sein sollen oder sie lieber abstreiten. Ganz einfach – oder „ist nicht schwer", wie die Kelten in ihren Mythen gerne formulierten: Bei den „Eigenheiten" kommt es darauf an, wer sie sich über die Jahrhunderte für „unkeltische" Zwecke zu Nutze machen konnte. Und da gibt es – wenn wir uns über die keltischen Mythen und über die eigenen Verstrickungen klar werden wollen – wohl einigen Aufklärungsbedarf zu Themen wie Eigensinn, regionale Gebundenheit bzw. Bodenständigkeit, Beharrlichkeit im Glauben, das ewige Leben und den endlichen Tod, den weiblichen Anteil an der Schöpfung, an Weisheit, Fruchtbarkeit und Heil, den Stellenwert der Männer und vieles mehr.

Überraschungen sind jedenfalls mannigfach garantiert auf dem „Abenteuertrip" zu Mythos und Religion unserer keltischen Ahnen und zu dem, was uns darin zuletzt als eigenes Spiegelbild entgegenblickt! Der wichtigste Lehrsatz von allen, dem wir immer wieder begegnen werden: Am Anfang war die Frau! Und sie steht auch am Ende, das mit ihrer Hilfe immer wieder ein neuer Anfang im ewigen Kreislauf des Lebens ist! Das Weibliche nahm im Weltbild unserer scharf beobachtenden Vorfahren schon deshalb eine ganz andere Rolle als das Männliche ein, als in der Realität der Natur immer wieder sichtbar wird, woraus neues Leben hervorgeht, wer es gebiert. Während weibliche Gestalten, Göttinnen, aufgrund ihrer Eigenschaften als Mittelpunkt und Antrieb des ewigen Kreislaufs des Lebens gedacht wurden, wurden die männlichen Figuren als „Beiwerk", als nützliche, potente Kraftlackeln verstanden. Der Mutter dienten sie zur Befruchtung, den Menschen als Projektionsfläche – und den Männern als spezifische Identifikationsobjekte. Damit wird aber auch der fundamentale Unterschied zwischen Frauen-

Markanter Orientierungspunkt unserer Ahnen: der Teufelsstein in den Fischbacher Alpen. Foto: Fritzi Lukan.

und Männerrollen drastisch deutlich: Die zentrale Muttergöttin *makes the world go round*, ihr Heros und jeweiliger Begleiter – der mit dem „kleinen Unterschied" – ist beliebig austauschbar, ja im Grunde vielleicht sogar entbehrlich! Oder in die Sprache der Genetik übersetzt: „Ohne das männliche Y-Chromosom gibt es menschliches Leben, ohne das weibliche X-Chromosom nicht"! Potz Blitz!

Von wegen „Blitz": Auch das Wetter war einst Domäne der Berg- und Wintermutter (vgl. „Frau Holle"), die sich im Laufe ihrer arbeitsteiligen Entwicklung dafür einen Gehilfen, einen so genannten „Atmosphäre-Heros" zulegte, der von den römischen Besatzern – fälschlicherweise, aber der eigenen Denkart entsprechend – unter dem bekannten Namen Taranis zum „Himmelsgott" und Quasi-Oberhaupt einer erfundenen Götter-Dreiheit erklärt wurde.

„Keltisch" war dieser Beitrag allerdings nicht, auch wenn er bis heute von einem Teil der geschmeichelten gelehrten Männerwelt gerne zitiert wird! Bei unseren keltischen Ahnen stand – das galt auch für die römische Besatzungszeit – eindeutig eine Frauen-Trinität im Mittelpunkt, die sich im Gewand der Drei → Bethen bis in die Gegenwart rettete – verstärkt durch Drei Madln (Nothelferinnen), Anna Selbdritt und anderen geduldeten „Verkleidungen".

21

Im Namen des Stroms lebt die Große Ur- und Erdmuttergöttin fort: Die Donau bei Hainburg. Foto: Gerhard Trumler.

Überhaupt hatten die Männer erst die symbolgeladene Schlange des ewigen Lebens von der Ur-Muttergöttin zu verdrängen, bevor sie zu saisonalen Helfern, Geliebten und Heroen für Teilaspekte der Großen Mutter aufsteigen konnten. In der Legende des in den Ostalpen besonders beliebten Heiligen → Georg (dt. „Bauer") sind noch starke Parallelen zum keltischen Mythos zu entdecken, bis hin zum Lindwurm (*Lind* = kelt. „See", also: „See-Schlange"), den der Heros der Margaretha beseitigt.

Beharrlichkeit im Glauben
Fixpunkte als Orientierungshilfen und Maßeinheit

Der Merksatz des großen französischen Keltenforscher Jean Markale „Keine Religion geht jemals völlig unter" gilt natürlich auch für das, was die „keltische" Religion, ihre eigenen Wurzeln und ihre Nachwirkungen betrifft. Wir finden die Spuren dieser keltischen Religion bis heute in einer erstaunlichen Vielfalt und Dichte, sowohl in der eigenen Lebenswelt als auch in beträchtlichen Entfernungen bis an die Ränder Europas. Ja, es handelte sich schon bei ihr selbst um keine grundsätzliche Neueinführung, sondern um die – weniger durch abstrakte Dogmen gehemmte, als durch praktische Erfahrungen und konkrete Bedürfnisse geförderte – Weiterentwicklung bereits lange zuvor vorhandener Vorstellungen von der Welt und von den Göttinnen. Es waren Erklärungen über die von der Urmutter geschaffene und nach ihren (mütterlich-weiblichen) Prinzipien gelenkte belebte und unbelebte Welt und die darin wirkenden Regeln.

Die „natürliche" ständige Weiterentwicklung von Weltanschauung und Religion der Menschen entsprechend ihrer eigenen Entwicklung stand andererseits nicht im Widerspruch zu einer eigenartigen Beharrlichkeit, die – mittlerweile allerdings weitgehend sinnentleert – bis heute die Glaubensvorstellungen der OstälplerInnen bestimmt. Diese Beharrlichkeit machte ursprünglich deshalb Sinn, weil sie unmittelbar damit zusammenhing, dass die (stetig steigende und sich beschleunigende) Beweglichkeit der Menschen nur dann zu bewältigen war und ist, wenn es in der Bewegung auch fixe Größen als Orientierungshilfen, Messpunkte und Maßeinheiten gibt – bis hin zur Wiederholbarkeit von bestimmten „vertrauten" Abläufen, die lebensbestimmend waren und sind.

Der Tag, der Monat (Mondzyklus), das Jahr, das Leben – an diesen Beispielen erlebten die Menschen, seit sie beobachten und Schlüsse ziehen konnten, eine Bewegung, die nicht geradlinig, sondern „zyklisch" verläuft. Sie erkannten, dass die Welt durch bestimmte Phasen geprägt ist, die sich nach einem unerschütterlichen Prinzip immer in der gleichen Abfolge unendlich aneinanderfügen. Die Menschen hatten damit einerseits den unendlichen Kreislauf des Lebens entdeckt und andererseits die mögliche (notwendige) Berechenbarkeit seiner Abläufe – und auch die Fixpunkte für ihre Berechenbarkeit. Immer folgt auf die Nacht der Tag, immer auf den Neumond ein zunehmender und nach Vollmond wieder abnehmender Mond, immer auf den Winter der Frühling, gefolgt von Sommer und Herbst.

Die Sonne hat bei diesem ewigen Kreislauf jeden Tag in ihrer scheinbaren „Kreisbahn" einen Scheitelpunkt, der, von einem bestimmten „fixen" Ort (Mittel-Punkt) aus, immer in derselben Richtung liegt. Im Laufe des Jahres ändert sich zwar die Länge von Nacht und Tag, doch es gibt bekanntlich fixe Termine, ab welchen die Nächte kürzer oder länger werden. Für unsere Vorfahren waren solche Erkenntnisse keine abstrakten Spielereien, für sie wurde ihr konkretes Leben davon maßgeblich bestimmt.

Seit der Einführung der Landwirtschaft in der Jungsteinzeit war es (über-) lebenswichtig, den „richtigen Zeitpunkt" – z. B. für Saat und Ernte – berechnen zu können, also Jahr und Tag richtig einzuteilen, geeignete Messpunkt und Maßeinheiten fest zu legen. Es wäre natürlich grober Unfug gewesen, hätte jeder Bauer selbst sein eigener „Kalendermacher" sein müssen. Solche Aufgaben übernahmen in der dörflichen Gemeinschaft schon vor Jahrtausenden mathematisch und astronomisch geschulte SpezialistInnen, welche die Regeln und Gesetzmäßigkeiten von Mutter Natur genau zu beobachten, zu ergründen und zu entschlüsseln hatten.

Sie waren die „SchatzhüterInnen des Heiligen Wissens", jener Erkenntnisse, die das „Heil" der Gemeinschaft sicherten – das was sie heil, gesund, unversehrt im Einklang mit Urmutter Erde, der Gesellschaft, der Familie, mit sich selbst und mit den damit verbundenen Regeln hielt. Und sie hatten dieses Wissen in geeigneter Form an die Gemeinschaft zur praktischen Umsetzung weiterzugeben.

In dieser Funktion waren die HüterInnen des Wissens die eigentlichen „VermittlerInnen" zwischen Urmutter Natur und den Menschen, deren Weisheit auch andere lebenswichtige Wissensgebiete wie z. B. die Heilkunde mit einschloss. Sie waren also insgesamt das Personal, das Weltanschauung, Mythos und Religion bewahrte, weiterentwickelte und an die Mitglieder der Gemeinschaft vermittelte, und sie waren schließlich auch für die speziellen Rituale, Feste und Versammlungen zuständig, mit denen die Einteilung des Jahres und des Lebens sinnlich und eindrucksvoll erlebbar gemacht wurde und welche besondere Fixpunkte im Jahreslauf darstellten.

Für diese „Events" gab es besondere, durch örtliche Besonderheiten ausgezeichnete Schauplätze, an denen die Menschen noch beharrlich festhielten als es offiziell schon lange keine „keltische" Religion mehr gab. Sofern diese Beharrlichkeit stärker war als das Christentum, blieben diese Orte – die zumeist klugerweise von den neuen Machtha-

Alles, was das Leben an Freuden bietet: Szene aus einer Situla, gefunden in Vače (Watsch), Slowenien. Narodni Muzej Ljubljana.

bern geduldet bzw. unter einem „christlichen" Namen übernommen wurden – als emotionale und mythologische Bezugspunkte, als zentrale Anhaltspunkte im Kreislauf des ewigen Lebens erhalten.

Schauen Sie sich in Ihrer eigenen Nachbarschaft um: Wo die Kirche nicht mitten im Dorf steht, sondern an einer exponierten, zuweilen recht mühsam erreichbaren Stelle, haben Sie garantiert ein Zeugnis vorchristlicher Beharrlichkeit im Glauben vor sich! Und die zugehörigen Sagen und Mythen erzählen dann von geheimnisvollen nächtlichen Wanderungen des Baumaterials oder des Kultbildes, von Ochsengespannen, die eigene Wege gehen, von rätselhaften Unfällen oder Zeichen. Immer ist der Ort, der ganz bestimmte fixe Platz in der Landschaft, der unverrückbare „Nabel" des Kultes! Daran hatte sich auch das spätere Christentum zu orientieren!

Einheit in der Vielfalt –
Regionale Gebundenheit und überregionale Gültigkeit

Zwar hat – nicht zuletzt mit „Hilfe" der kriegslüsternen Nazis – ein Bild von „den Kelten" um sich gegriffen, als seien diese „ein Volk von barbarischen Kriegern" gewesen. Abseits der (logischen!) Wirklichkeit entstand schon seit Caesar eine negative Karikatur, zu der fatalerweise auch noch französische „Kapazunder" wie Georges Dumézil (1898–1986) beitrugen, nach dessen „Dreiteilungsideologie" auch die keltische Gesellschaft in drei Kasten eingeteilt gewesen wäre, in „Herrscher" (König und Priester), Krieger und Bauern.

Dumézils chauvinistisches Weltbild und die damit verbundene Missachtung der Rolle der Frauen wurden zwar in der akademischen Männerwelt – insbesondere in Deutschland – begeistert aufgenommen, doch zum Thema Kelten halfen seine Beiträge bei aller beachtlichen Verbreitung herzlich wenig. Diese militaristischen und doch „kindischen" Fantasien können heute trotz aller angeblichen „Belege" nur noch Stoff für Computer-Spiele oder kostümierte Männergruppen abgeben, die in ihrer Freizeit liebend gerne Schlachten „nachstellen" und die nun halt, nach Abflauen der Amerika-Begeisterung der zweiten Hälfte des 20. Jahrhunderts, statt Cowboys gegen Indianer zunehmend Römer gegen Kelten spielen. Auch die Lega-Nord wirbt z. B. gerne für einschlägige Events in Italien.

Eine tragfähige keltische Lebens- und Ernährungsgrundlage konnte das (oft sehr frei nachgestellte) Kriegsspiel allerdings wirklich nicht sein! In den keltischen Ostalpen gab es – wie wohl auch sonst rundum – keine Krieger-Kaste, kein unproduktives, aber kostspieliges „Stehendes Heer"! So etwas „leisteten" sich bei uns erst die „christlichen" Feudalherren des Mittelalters, die sich ihren Lebensstil und ihre Gewaltherrschaft vom „niederen" Volk finanzieren ließen. Dieses Gesellschaftsmodell war den Menschen der La-Tenè-Zeit – oder „Dürrnberg-Zeit" – reichlich fremd, Arbeit „entehrte" nicht! Jeder nahm daran Teil und während ihrer Arbeitszeit schufen unsere keltischen Ahnen ihren Lebensunterhalt im Gegensatz dazu in erster Linie als Bauern, Handwerker und Bergleute. Und die den verstorbenen Männern beigegebenen „Waffen" in ihren Gräbern waren nicht wirklich tödliche Gebrauchsgegenstände, sondern Statussymbole – ohne echte Abnutzungsspuren. Der Lieblings-„Kampf" keltischer Männer war entgegen späterer Chauvie-Fantasien das geschliffene aber unblutige Wortgefecht, für das sie einen eigenen Heros, → Ogmios, hatten, und das die darin unterlegenen Römer als übertreibende „Prahlerei" abtaten.

Wer sich schließlich die „Bilderbücher" auf den so genannten Situlen (großen Eimern für Kulthandlungen) keltischer Zeit näher ansieht, die ebenfalls als Grabbeigaben verbreitet waren, wird dort finden, dass in der überwiegenden Mehrzahl keine kriegerischen Handlungen dargestellt worden sind, sondern Szenen aus einem üppigen Leben mit Wettkämpfen und Spielen, mit Jagd und Gelagen, mit Musik, Tanz und körperlicher Liebe, und allem, was das Leben sonst noch an Freuden abseits von Militarismus und Krieg bietet.

Die Haupterwerbszweige unserer keltischen Vorfahren, Landwirtschaft und Bergbau, hatten naturgemäß eine örtliche Gebundenheit zur Voraussetzung, die nicht nur Grundlage der praktischen Tätigkeit war, sondern sich auch in Mythos und Religion wiederspiegelte. So hatte jede Dorfgemeinschaft ihre diesbezüglichen regionalen Bezugspunkte, bestimmte Heilige Berge, Plätze, Quellen, Bäume und deren damit verbundene göttliche Beschützerinnen und Helfer. In dieser Hinsicht zeichnete sich die Religion durch eine starke regionale (identitätsstiftende) Bindung aus.

Andererseits brachten die Gemeinsamkeiten der Lebensumstände im Rahmen der Entwicklung zur keltischen (Hoch-) Kultur auch gemeinsame Religions- und Glaubensgrundsätze von überregionaler, ja „europaweiter" Bedeutung und Gültigkeit zustande. Zu ihnen gehörten naturgemäß vor allem die bestimmende zentrale Mutter-Göttin-Trinität und jene Heroen, die uns auch als „Schutzherren" der gemeinsamen Jahreszeiten-Feste begegnen. Auf diese „universal" gültigen mythologischen „Verbindungsglieder" des Keltischen werden wir in der Folge noch detailliert eingehen.

Am Anfang war Mutter Erde

Der keltische Schöpfungsmythos und die Muttergöttin

Obwohl die keltische Weltanschauung davon ausging, dass das Leben unendlich – genauer ohne Ende und Anfang – sei, kannten unsere Vorfahren eine Art Schöpfungsmythos, der in seinen Wurzeln allerdings

weit in die Steinzeit zurückreicht und später nur gering-
fügig adaptiert wurde. In Sprache gefasst lautete der erste
„Lehrsatz": Am Anfang war
Mutter Erde. Sie ist der
Ursprung, die Quelle, und in
ihren gebärenden, bergenden,
heilenden Schoß kehrt alles
Leben zurück. Doch – und hier
beginnt die Differenzierung –
Mutter Erde selbst hat keinen
Ursprung! Sie ist ewig!

Auch zur Erklärung dieses
Phänomens können wir uns
der Sprache bedienen, denn in
der gar nicht grauen „Vorzeit"
waren Erde und Ewigkeit syno-
nym – ein Wort für beide. In
der keltischen Sprache lautete
das Wort *bed* bzw. *beth*, später
bit (genetiv *betho*) und stand
für die ewig junge, ewig fruchtbare, ewig schöpferische, heilende Urmutter Erde. Das
Grundwort steckt nicht zufällig bis heute sowohl im „Bett",
das ursprünglich nur eine
Grube in der Erde war, als auch
im Wort „Boden". Die Silbe
bed/bit stammt aus der frühesten Zeit menschlicher Sprach-
entwicklung und bedeutete
ursprünglich auch „Haus"
(überdachte Erdgrube). Dem
Sinn nach ist darin insbesondere auch Schutz und Geborgenheit enthalten.

Mutter Erde macht Sinn! Doch nicht nur am Anfang der keltischen Religionsvorstellungen und von deren Vorgängerinnen steht die Große
Erdmutter. Der Gedanke war im Grunde weltumspannend. Auch die
„Ahnenreihe" der Götter der griechischen Antike beginnt daher z. B.
konsequent mit Göttinnen, die ins Deutsche übersetzt immer wieder
„nur" Erde bedeuten: Die von Kreta stammende Urmutter und Schöpfergöttin Gaia *(Gäa/Ge)* ist nichts anderes als „Mutter Erde", die –

bevor griechische Männer wie Hesiod und Co. den Namen diskriminie-ren konnten – auch „Pandora", die „Alles Gebende" hieß. „Tochter" Rhe(i)a, die dreifache kretische Muttergöttin, trägt im Namen ebenfalls ein Wort für Erde. Ebenso gilt dies für deren „Töchter" Hera (Erde) oder Demeter (Erdmutter). Aber auch die römische Tellus war eine *Terra mater* (Mutter Erde) und Ceres war nur eine „jüngere", differenziertere Ausgabe davon.

Solchen Urmuttergöttinnen ähnlich war schließlich auch die aus der Jungsteinzeit stammende, als Mutter des Heros Lug in der inselkeltischen Mythologie überlieferte Erd-, Mutter- und Fruchtbarkeitsgöttin Tailtiu, die Wohlgeformte, die zeitweise vier Wochen lang (zwei vor und zwei nach Lugnasad – also bis zum späteren, von der römisch-katholischen Kirche dorthin gesetzten „Maria Himmelfahrt") im Rahmen des Festes „Oenach Tailteann" ausgelassen gefeiert wurde. Bei den Kelten drehte sich alles um Mutter Erde.

Das ewige Leben und der endliche Tod
Konsequenzen keltischen Denkens

Wie die alles Leben hervorbringende und allen Lebensunterhalt gebende Urmutter Erde als unendlich und von unerschöpflicher Fülle angesehen wurde, so war es nur konsequent, auch das von ihr hervorgebrachte Leben als ewig während und unendlich anzusehen. Die Beobachtung der Natur und der in ihr offenbaren Regeln lehrte unseren Ahnen anschaulich und sinnlich nachvollziehbar, dass sich das Leben in zyklischen Kreisläufen abspielt, und dass diese Zyklen niemals aufhören, in einer ganz bestimmten (nach Phasen unterscheidbaren) Abfolge in Bewegung zu sein und zu bleiben.

In logischer Konsequenz aus den gemachten Beobachtungen gingen unsere Vorfahren, die davon überzeugt waren, dass sie wie alles Leben den Regeln von Mutter Natur unterworfen seien, davon aus, dass es deshalb auch für sie selbst ein ewiges Leben geben müsse. Zwar war ihnen klar, dass ihre Körper einem Prozess unterliegen, der eine Wachstumsphase, ein Jugendstadium, eine Periode der Reife und eine Alterung mit allen Begleiterscheinungen bis hin zum Sterben kennt. Doch sie waren gleichzeitig davon überzeugt, dass dieser sterbliche Körper nur eine Hülle sei und sie im Grunde eine Seele besäßen, die ihren Sitz im Kopf der Menschen hat und im Gegensatz zum Körper selbst unsterblich ist. Damit war der Tod sozusagen nur eine vorübergehende Erscheinung – und deshalb auch nicht Furcht erregend.

Der „springende Punkt" zu der im Prinzip ja noch nicht sonderlich „originellen" Anschauung von der unsterblichen Seele war allerdings, dass die „keltische" Seele nach dem Tod des Körpers weder in einen „jenseitigen" Himmel fuhr noch in ein anderes Lebewesen – bei „schlechtem Verhalten" vielleicht sogar in ein „niederes Tier". Unsere Vorfahren gingen davon aus, dass Mutter Erde nicht nur die Körper, sondern auch die Seelen der Verstorbenen wieder zu sich in ihren schützenden, heilenden, fruchtbaren Bauch zurück nehme, um die Seelen nach einem vorübergehenden, verjüngenden – ja „paradiesischen" – Aufenthalt in dieser „anderen" (durch und durch diesseitigen!) Welt per Geburt durch eine junge, lebendige Frau wieder in eine neue „Runde" im Kreislauf des ewigen Lebens zu entlassen – im Prinzip also eine „irdische", statt einer „himmlischen", Wiedergeburt zu erleben!

Von „Seelenwanderung" unterschied sich der Denkansatz unserer Ahnen insofern fundamental, als ihre Seelen weder in andere Körper – schon gar nicht in tierische – gepresst wurden, noch dass die Seelen der Verstorbenen von anderen existierenden Körpern Besitz ergriffen, sie sozusagen gekapert hätten. Die Seelen unserer vorchristlichen Vorfahren waren für ihre irdische (Wiedergeburt) auf gebärfähige und gebärwillige Frauen mit Kinderwunsch angewiesen. Diese wandten sich

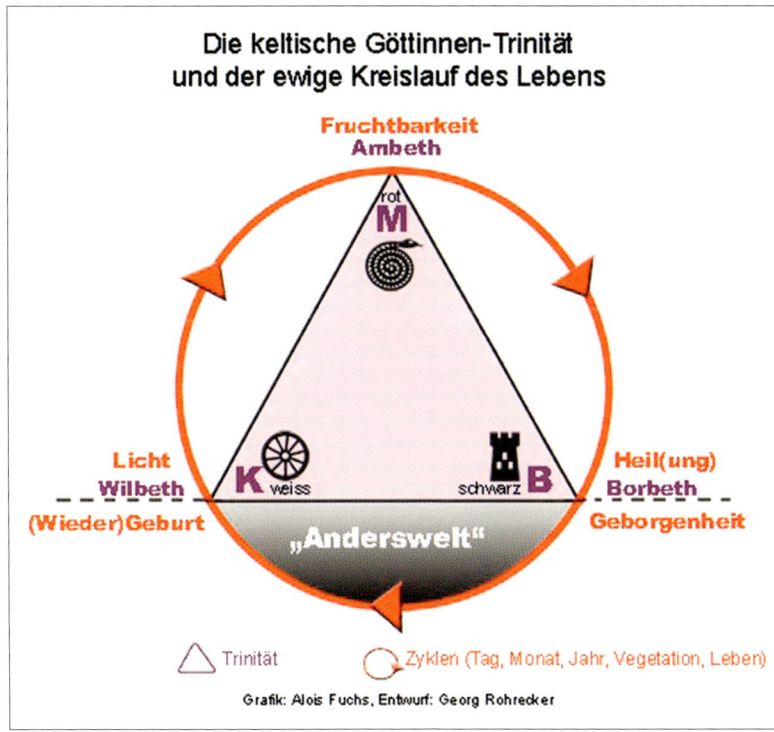

Die keltische Göttinnen-Trinität und der ewige Kreislauf des Lebens

Fruchtbarkeit
Ambeth

rot
M

Licht
Wilbeth
(Wieder)Geburt

K weiss

schwarz B

Heil(ung)
Borbeth
Geborgenheit

„Anderswelt"

△ Trinität   ◯ Zyklen (Tag, Monat, Jahr, Vegetation, Leben)

Grafik: Alois Fuchs, Entwurf: Georg Rohrecker

Die Hervorhebung der „Eckpunkte" im ewigen Kreislauf des Lebens führte zur Vorstellung von der Göttinnen-Trinität.

mit ihrem Wunsch an Mutter Erde und suchten dazu entweder bestimmte Quellen auf, die als Ausgänge aus der regionalen „Anderswelt" galten, bzw. Kultplätze mit zusätzlich geburtsförderndem Mobiliar (z. B. Schliefsteine, Schalensteine und andere Bezugspunkte für Berührungs-Magie).

Die Frauen tranken an den Heiligen Quellen vom Wasser, dem Element des Lebens, das da aus dem Schoß von Mutter Erde sprudelte, und schluckten dabei so eine kleine Seele, die sich dann in der Gebärmutter der irdischen Frau einnisten konnte, um dort zu einem Kind heranzuwachsen, das dann nach neun Monaten (wieder) das „Licht der Welt" erblicken durfte. Die Seele konnte aber auch in einem Fisch, z. B. in einer schmackhaften Forelle, „transportiert" und von der Frau mit

Der Kopf, so die Überzeugung unserer Vorfahren, ist der Sitz der Seele. Bronzegriff in Gestalt eines bärtigen Männerkopfes an einem keltischen Krug. Rheinisches Landesmuseum, Bonn.

Kinderwunsch geschluckt worden sein. Zum „Weg", auf dem die kleine Seele in den Bauch der potentiellen Mutter gelangt, finden sich viele fantasievolle Deutungen in den Mythen.

Diese Mythen gehen eigentlich weit hinter die Kelten zurück, hinter jene Epoche, in der den Menschen der Hallstatt- und La-Tenè-Zeit natürlich biologisch längst klar gewesen ist, „wo die kleinen Kinder herkommen"! Dennoch war sowohl der Glaube als auch die Anziehungskraft der Rituale und ihrer Bezugspunkte stärker als bio-logische Erklärungen. Und wir sind in der Tat bei aller „Aufklärung" bis heute damit konfrontiert, dass viele „unlogische" Fruchtbarkeits-Rituale sogar bis in unser Drittes Jahrtausend herübergerettet wurden und entsprechende Kultplätze und Wallfahrtsorte bis heute aufgesucht werden, um nicht zuletzt noch immer auch der erwünschten weiblichen Fruchtbarkeit „nachzuhelfen"! Geben wir es zu: Solche Rituale um das Leben sind menschlicher und berührender als dumme Kriegsspiele und grausame Kriegswirklichkeiten!

Licht, Fruchtbarkeit und Heil

Der Kern der keltischen Göttinnen-Trinität

Ob täglicher Sonnenlauf, monatliche Mondphasen, jährliche Vegetationszyklen, diese Kreisläufe der Natur gehen alle nach demselben Schema vor sich, nach derselben Reihenfolge: der Phase des Wachsens und Keimens, der fruchtbaren Reife, des zur Ruhe Kommens, der Regeneration und des neuen Aufsteigens. War für alle Lebensphasen in „alten Zeiten" Urmutter Erde „alleinverantwortlich", so führte die allmählich notwendige Beschäftigung mit dem Verlauf der zyklischen Kreisläufe der Natur und des Lebens und der Bedeutung der einzelnen Phasen (Tages- und Jahreszeiten) dazu, dass auch die göttliche Betreiberin und Beschützerin entsprechend differenziert verstanden wurde. Die Göttin war zwar immer noch die große, ewige Eine, doch wurden bestimmte Aspekte besonders hervorgehoben, deren Darstellung zu einer „Trinität" führte, die den „Eckpunkten" im Kreislauf des Lebens entspricht.

Zwar begann für die Kelten der Tag oder das Jahr mit dem dunklen Teil, doch nehmen wir auf unsere eigenen Denkgewohnheiten Rücksicht und beginnen die Beschreibung der keltischen Göttinnen-Trinität sozusagen bei „Sonnenaufgang". Damit reihen sich die Eckpunkte des göttlichen (weiblichen) „Dreiecks" und seiner „internen Arbeitsteilung" logisch folgend:

Auf der „Morgenseite" der Dreiheit war der Platz der Geburt des Lichtes, des Lebens und des Wissens. Seine Leitfarbe war Weiß. Und als die Frauentrinität von den Kelten in der Spätantike als Drei → Bethen (= Ewige) angesprochen (angebetet!) und benannt wurde – nach einem Wort für Erde, das so alt ist, dass es, wie schon angesprochen, sogar dem Bett als ursprüngliches „Erd-Lager" zugrunde liegt – war hier der Platz der → Wilbeth, der Weißen und der Weisen. Sie verkörperte das Licht, die Weisheit und das Schicksal, das sie in den Lebensfaden spann und daher auch voraussagen konnte. – Wobei sich daraus auch der Lebens-Weg ergab, und die Rad-Göttin damit auch „Road-Göttin", die Schutzgöttin der Straßen und der Reisenden, war.

Das göttliche Zentrum, den Zenit und Höhepunkt der Dreifaltigkeit und des ewigen Zyklus des Lebens bildete der Aspekt der Fruchtbarkeit, dargestellt mit der Farbe Rot – rot wie der Lebenssaft Blut, rot wie der Apfel des ewigen Lebens. Es war zuletzt der Platz der keltischen → Ambeth, und ihr zugeordnete Symbole waren die spiralenartig dargestellte Schlange des ewigen Lebens, die schon die Ur-Mutter-Göttin begleitet hatte, und der Kessel der Fülle und der Wieder-Geburt, der auch als Schüssel oder Kelch dargestellt sein konnte.

Auf der „Abendseite" der Trinität war schließlich der Platz für den Aspekt der Ruhe, des Heilens, der Regeneration und der dazu erforderlichen Geborgenheit, für den Mutter Erde ihren dunklen, bergenden, verjüngenden Schoß auftat. Es war der Platz der keltischen Beschützerin und Heilerin → Borbeth, die garantierte, dass der Tod nur eine vorübergehende Angelegenheit war und nach einem erholsamen und lustvoll belebenden Aufenthalt in der „Anderswelt" die neuerliche Geburt winkte und ein neuer Kreislauf des („irdischen") Lebens beginnen konnte. Die Leitfarbe an dieser Stelle war Schwarz – wie die der Ruhe und Entspannung dienende Nacht, mit der bei den Kelten der neue Tag anfing!

Derart differenziert steckt die keltische Göttinnen-Trinität bis heute in zahllosen „Nachfolgerinnen" und Erbinnen, auf die wir noch näher eingehen.

Von der Schlange zum Mann
Die Evolution der Göttinnenbegleiter

Wer Augen im Kopf hat und bei einer Geburt dabei sein durfte, der weiß, dass die Erneuerung des Lebens, die Voraussetzung für seinen ewigen Kreislauf, unmittelbar mit dem Weiblichen verbunden ist, das weibliche Prinzip der Mutterschaft zur Voraussetzung hat. Kein Wunder also, dass die ersten Gottheiten, die „Urmütter", ausschließlich als Verkörperung des Weiblichen gedacht wurden. Die Männer spielten in diesem Zusammenhang überhaupt noch keine Rolle, da der Beitrag der Männer, ihr „kleiner Unterschied" und großer Stolz als Beitrag zur Weitergabe des Lebens noch nicht erkannt worden war. Als sich die Menschen zu ihren Urmutter-Göttinnen symbolische Begleiterinnen dachten, hatten diese daher ursprünglich noch nichts „Männliches" an sich. Die in den ältesten Mythen als Begleitung der Urmütter häufig vorkommende Schlange war weit davon entfernt, eine phallische Komponente zu besitzen. Schlangen waren einfach jene geheimnisvollen Tiere, die im Laufe ihres Lebens immer wieder den Anschein erwecken, als würden sie nach bestimmten Zyklen ihre alten Körper verlassen. Dieses „Häuten" wurde ebenso mit dem Glauben an einen ewigen Kreislauf des Lebens in Verbindung gebracht wie die Tatsache, dass sich die Schlangen vor Beginn des Winters – dem Termin des keltischen Jahreswechsels – in den Schoß von Mutter Erde, in die „Anderswelt" zurückziehen, um im nächsten Frühling gestärkt wieder ans Tageslicht zu kommen, also in gewisser Weise „neu geboren" zu werden. Schlangen waren eindeutige Symbolträger für zentrale „Geheimnisse" des Lebens.

Zwar kursiert heute noch die Scherzfrage, was das sei, wenn einem Mann das Wasser bis zum Bauchnabel stehe. Antwort: Es geht über seinen Horizont! Da jedoch das nötige Blut manchmal doch bis in den Kopf gelangt, setzte sich langsam aber sicher die Erkenntnis vom „kleinen Beitrag" der Männer durch. Was seine Entsprechung in der Mythologie darin fand, dass die Urschlange – später der Lindwurm (= See-

schlange) – an der Seite der Muttergöttin nach und nach durch Männer verdrängt wurde.

Interessanterweise waren diese „Heroen" der Göttin keineswegs ebenbürtig. Zwar stammten sie von ihr und waren daher ihre Söhne, konkret ihre Sohn-Geliebten, doch empfingen sie ihre Macht und Kompetenz ausschließlich aus der Hand der Mutter. Und im Gegensatz zu ihr waren sie nicht „ewig", sondern spielten nur für eine beschränkte Zeit, für eine Jahreszeit, eine Vegetationsperiode, eine mythologisch begründete „Funktionsperiode", eine bevorzugte Rolle, bevor sie durch einen jüngeren Nachfolger – zumeist dem eigenen mythologischen Sohn – ersetzt wurden. Nach diesem kam wieder ein „neuer" Heros und so ging es unendlich weiter – gemäß dem Beispiel der Natur mit seinen sich unaufhörlich wiederholenden zyklischen Kreisläufen.

Reminiszenz an die Urschlange, die Begleiterin der Muttergöttin: der Lindwurm in Klagenfurt.
Foto: Willfried Gredler-Oxenbauer.

Dominante Muttergöttinnen & subalterne Heroen

Kelten-Gottheiten im Ostalpenraum

Um sich ein halbwegs passendes Bild von ihren Gottheiten machen zu können, ist es zuerst erforderlich, sich ein Bild von den Menschen zu machen, für die sie eine Rolle spiel(t)en, die an sie glaub(t)en – oder drastischer formuliert: die sich diese Gottheiten geschaffen oder für ihre vielfältigen Bedürfnisse adaptiert hatten.

Wer daher den ostalpinen Kelten-Gottheiten nachspüren und sie erfassen will, muss in diesem Zusammenhang prompt von einigen „klassischen" Denkgewohnheiten Abschied nehmen. Das betrifft vor allem die heute schwer vorstellbare, aber – wie wir schon erklärt haben – „in der Natur der Sache liegende" Dominanz des Weiblichen (Weitergabe bzw. Gebären des ewigen Lebens), an deren Seite das Männliche nur als Nebenrolle Platz haben kann. Ein Faktum, das patriarchal erzogene Gelehrte von den Griechen und Römern bis zu einschlägigen Kapazundern unserer Tage immer wieder zu falschen Schlüssen verführte – heute vor allem deshalb, um sich „kognitive Dissonanzen" zum eigenen Weltbild zu ersparen, die auch Dissonanzen zu den ungeschriebenen aber dominanten Regel der eigenen „Zunft" bedeuteten, nach der z. B. eine Frau Lektor, aber kaum Rektor werden kann.

Wie in einer von Männern dominierten Welt – wie unserer heutigen – nicht anders zu erwarten, muss zum Verständnis der Kelten-Gottheiten also insbesondere die auf „Teufel komm raus" in den vermeintlichen Götter-Himmel hinein projizierte „Rangordnung" grundlegend korrigiert werden. Was nicht nur die Bedeutung von oben und unten, von männlich und weiblich betrifft, sondern auch die Wertigkeit der vorhandenen Zeugnisse und Quellen als Belegstellen für eine Gottheit.

Nicht nur die Rollenverteilung war unter den keltischen Gottheiten prinzipiell anders als jene, die uns über die bekannten Olympier und ihre Nachahmungen vermittelt wurden. Auch bei der Erfassung und Benennung stoßen wir auf einige Grenzen. Tatsächlich muss unser Bemühen, den ehemaligen keltischen Gottheiten nachzuspüren und sie in eine Art alphabetisches Melderegister einzutragen, zum Teil ganz einfach daran scheitern, dass von ihnen schlicht keine echten Namen, sondern nur Funktionen oder eben „Amtstitel" überliefert sind.

Diese Eigenheit lag weniger an einer Frühform kakanischer Titelsucht als vielmehr daran, dass keltische Religionsvorstellungen ursprünglich nicht davon ausgingen, dass Menschen Ebenbilder des Göttlichen oder dass GöttInnen projizierte Menschengestalten sein könnten. Die „keltischen" Menschen maßen und verglichen sich nicht an und mit ihren Gottheiten. Derartige Ansinnen fanden sie laut historischer Überlieferung zutiefst „lächerlich". Sie kamen aber auch nicht auf die Idee, sie sich mit dem magischen Rumpelstilzchen-Trick beherrschen und dienstbar machen zu wollen, indem sie den Gottheiten konkrete Namen gegeben und damit in ihre Gewalt bekommen hätten.

Die Ehrfurcht unserer Vorfahren vor dem Göttlichen drückte sich u. a. darin aus, dass sie an Stelle von „individuellen" Namen Umschreibun-

40

gen für bestimmte Eigenschaften und Funktionen göttlicher Kräfte verwendeten. So weit, so gut, doch diese Bezeichnungen aus der keltischen Frühzeit direkt wörtlich erfahren zu wollen, wäre einerseits müßig, andererseits bleibt sie uns auch insofern verwehrt, als das Schrift-Tabu der Kelten entsprechende konkrete Aufzeichnungen aus erster Hand ausschloss.

Nicht das, was später an (In-) Schriftlichem mehr oder weniger zufällig ausgebuddelt und ins Museum getragen werden konnte, hat damit das größte „Gesamtgewicht" für unsere Suche nach den Kelten-Göttern. Wir müssen uns also großteils anderweitig orientieren. Oder anders formuliert: Was ist ein kleines Fluch-Täfelchen oder ein mannshoher Weihestein mit eingraviertem keltischen Gottheiten-Namen aus „römischer" Zeit

Urmutter aus der Steinzeit: die Venus von Willendorf. Naturhistorisches Museum, Wien.

gegen einen Fluss, der eine Muttergöttin symbolisierte, nach der sich die keltischen Umwohner nannten, oder gegen ein (vielleicht noch eisbedecktes) Gebirge, das ganz ohne Inschrift und doch namentlich von keltischen und vorkeltischen Gottheiten von der Urmutter (Berg- und Wintermutter) bis zu den Drei → Bethen zeugt?! Dort liegen die Hauptquellen für unsere Rekonstruktion.

Auf dieser zielführend erweiterten Grundlage stellen wir in der Folge – entsprechend der Logik der Kelten und der Natur – die erfassbaren Göttinnen thematisch voran, bevor wir auf ihre – zumeist von ihnen abhängige bzw. in ihrem Auftrag agierende – männlichen Begleiter eingehen. Wobei schließlich alle zusammen in ihrer Bedeutung erst tiefer zu verstehen sind, wenn sie durch die Analyse der daran anknüpfenden ostalpinen Heiligengestalten (siehe dazu den letzten Teil dieses Buches) ergänzt werden.

Zuletzt können wir es uns – im Sinne der Aufklärung (im konkreten und im historischen Sinn) – nicht verkneifen, ein paar haarsträubende, längst überholte, aber seit Caesar und Lukanus um so hartnäckiger nachgebetete, himmlische Interpretationen keltischer Göttervorstellungen samt gruseliger Menschenopfer-Geschichten mit den einfachsten Regeln der Logik endlich dem Orkus der Geschichte zu übergeben (Seite 104 ff.).

41

Belege, Zeugnisse und Quellen

Der Pferdefuß des keltischen Schrifttabus

Seit es ABC-Schützen gibt, existiert – sozusagen zum „Lohn" für die Mühe des Lesen- und Schreiben-Lernens – auch die Auffassung, dass das, was geschrieben steht, auch wahr sein müsse. Auf dieser Logik baute schon die jüdische und nach ihrem Vorbild die christliche Religion auf: auf der „Wahrheit" bestimmter geschriebener Texte bzw. autorisierter Bücher.

Eine wichtige Quelle bei der „Rasterfahndung" nach unseren keltischen Wurzeln: Silbermünzen wie diese aus dem Bereich des „Regnum Noricum" lassen Schlüsse auf ihre Lebens- und Glaubenswelt zu.

Der – den Lebenserfahrungen widersprechende – dogmatische erste Satz des Johannes-Evangeliums „Im Anfang war das Wort" stellt nicht das gesprochene Wort in den Vordergrund, dessen Verwendung von unseren keltischen Ahnen ohnehin meisterhaft beherrscht wurde. Der zitierte Text im „Buch der Bücher" meint mit dem griechischen Begriff *logos* in erster Linie einen geschriebenen Text – ganz nach Art der in Stein gemeißelten Gebote, die Moses unter großem Aufwand von seinem Gott überreicht erhielt.

Diese „Tradition" ist wohl auch einer der Hauptgründe dafür, dass das geschriebene Wort bis heute nicht nur nach Hause oder sonst wohin getragen werden kann, sondern vom Zeitungsleser bis in die Wissenschaft hinein allein durch seine Schriftlichkeit einen hohen Stellenwert genießt und eine oft erstaunlich wenig hinterfragte höhere Glaubwürdigkeit!

Im Gegensatz zu diesem bekannten Muster war bei unseren keltischen Vorfahren aus methodischen, didaktischen und mythologischen Gründen die Schrift Nebensache bzw. zugunsten des gesprochenen Wortes und der Leistung des Gedächtnisses tabu. Das sollte aber auch Nachteile mit sich bringen: Durch diese kulturelle Besonderheit der Kelten blieb ihr bewahrter „Nachruf" zum allergrößten Teil auf die tendenziösen Schriften ihrer (Tod-) Feinde beschränkt – von denen insbesondere der maßlose Keltenschlächter Caesar dank klassisch-humanistischer Bildung noch immer eine der „Hauptquellen" ist, bis hin zur tendenziösen Auseinandersetzung mit der keltischen Mythologie.

Da Caesar und ähnliche „Gewährsleute" leider sogar noch unter den Nachfahren der Gallier oder Kelten Legionen an Nachbetern haben, müssen wir diese Texte hier allerdings nicht auch noch wiederkäuen. Wir verzichten daher absichtlich auf derartige Belegstellen und „Zeugnisse". An Texten aus der Antike bleiben für uns allerdings jene bereits erwähnten Steinfragmente (Altarinschriften, Votivtafeln u. ä.) interessant, mit denen „romanisierte" Kelten der Ostalpen zeigen wollten, wie brav sie sich der Kultur der Besatzer angepasst hatten.

Bei aller Anpassung (inklusive römischer Abkürzungswut) enthalten solche alten Texte oft dennoch die ursprünglichen „Namen" (Umschreibungen) und symbolischen Spuren keltischer Gottheiten, die sonst nur über Gewässer-, Orts- und Flurnamen und über Mythen und Vor-Nazi-Bräuche und Rituale zu erschließen wären. Auch hier zeigt sich der Vorteil, sich nicht allein auf (eher spärliche) Schriftlichkeit zu beschränken, sondern auch andere Zeugnisse wie Symbole, regionale Mythen, Kultplätze und Rituale bei der „Rasterfahndung" nach unseren keltischen Wurzeln in einen Gesamtzusammenhang zu stellen.

Dabei gilt zum Beispiel auch hier eine Art Lehrsatz: dass regionale (und überregionale) Mutter- und Schutzgöttinnen ihre Namen oder Titel in der Regel auf ihre Umgebung übertrugen bzw. übertragen bekamen. Wir finden sie in den Bergen wieder und insbesondere in den Gewässern und bei den Umwohnern entlang von deren Ufern. Oder umgekehrt, die Menschen, die sich als Töchter und Söhne bestimmter identitätsstiftender Muttergöttinnen betrachteten, bezeichneten sich konkret als solche und trugen (und bewahrten) damit ihren Namen bzw. die Umschreibung für die Göttin. – Und da kommen bei aller „römischen Interpretation" oder Anpassung anderseits keine Besatzungsgottheiten vor!

Was die männlichen Heroen betrifft, verdanken wir entsprechende Zeugnisse nicht zuletzt dem Umstand, dass die keltischen Männer mit „ihren" potenten Helden und Vorbildern offensichtlich in ein Scheingefecht, einen Wettbewerb mit den Göttern der römischen Besatzer getreten waren – ein Vorgehen, das natürlich auch psychologisch erklärbar ist. Eine Vermischung war insofern nicht sonderlich schwer, als die Nutznießer der römischen Besetzung der Ostalpen und die Hintermänner aus der *Gallia (!) cisalpina*, aus Oberitalien bzw. Aquileia kamen oder zumindest damit längst eng verbunden waren und in der Regel selbst keltische Wurzeln hatten. Auch darin liegen schließlich manche bedeutsamen Schlüssel und Zeugnisse.

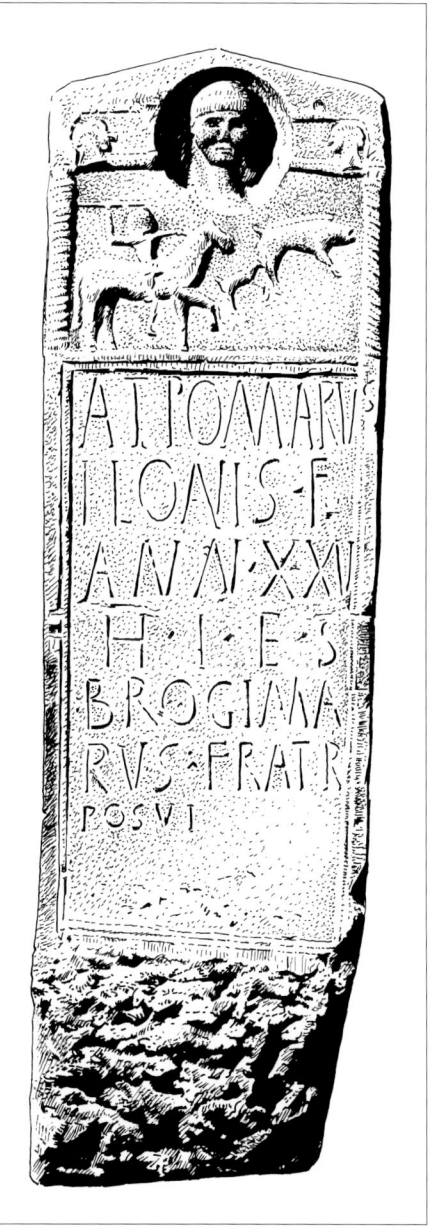

Anpassung an die Kultur der römischen Besatzer: die Grabstele des Aptomarus, gefunden in Maria Lanzendorf.

Weibliche Gottheiten
Ewig fruchtbare Mütter und gütige Beschützerinnen

Göttlichen Status genossen bei unseren keltischen Vorfahren ausschließlich weibliche Gottheiten. Das war schon bei den Ahnen seit der Steinzeit so gewesen, und das entsprach den offensichtlichen Tatsachen, die der Weitergabe des ewigen Lebens zugrunde lagen. Das weibliche Prinzip wurde schon vor vielen Jahrtausenden als Garant und Triebkraft des Lebens erkannt. Männer waren dabei ursprünglich nur „nützliches Beiwerk" und Dekoration.

Dahinter steckt keine wie immer geartete Besonderheit der Ostalpen. Das Prinzip hatte weltweit Gültigkeit, umfasste alle Bereiche von Mutter Erde in ihrer Gesamtheit. Während allerdings anderswo, in Nordafrika, Vorderasien, Griechenland und rund ums Mittelmeer, in der Antike die Männer von den einschlägigen „Götterhimmeln" analog ihrer irdischen Machtkämpfe Besitz ergriffen, vertrauten die Kelten auf ihrem Weg zur „Hochkultur" noch immer den Regeln von Urmutter Erde, als deren Familienmitglieder sie sich verstanden. Sie kamen auch weiterhin ohne überirdischen Himmel und göttliche „Herr-schaft" von rauschebärtigen Patriarchen und zürnenden Übervätern aus.

Wenn es „das Göttliche" gab, dann war es bei den Kelten weiblich und durch weibliche, mütterliche Eigenschaften geprägt. Verständnislosigkeit und Feindseligkeit verhinderten allerdings seit mehr als zwei Jahrtausenden eine umfassende Sammlung und Darstellung der ehemals im Ostalpenraum verehrten Göttinnen. Wir begnügen uns daher – zumindest für den (mit diesem Buch gesetzten) Anfang – auf den nächsten Seiten mit einer Auswahl, die in alphabethischer Reihenfolge folgende 24 Beispiele im Ostalpenraum verbreiteter weiblicher Gottheiten (Göttinnen) samt Kurzbeschreibung umfasst:

Aeracura, Ambeth, Belestis, Bethen, Borbeth, Bovinda, Brigantia, Danu, Epona, Gula, Guta, Hitt, Ilara, Isa, Keleia, Lika, Matronae, Noreia, Raetia, Salige, Silvanae, Sirona, Uinda und *Wilbeth*.

AERACURA
Alemannische Erdmutter und Korngöttin

Aeracura (auch *Aericura, Heracura/Herecura*) ist in weiten Teilen Europas nachzuweisen. Die Bestandteile ihres „Namens" haben vermutlich mit Erde (*Hera*) und Korn (*Kore*) zu tun. Dazu passt auch eine teilweise vorgenommene romanisierende Verbindung (Partnerschaft) mit Dis Pater, einer im Römischen Reich – analog zu Pluto – als Gott des Reichtums (der Erde) und Herr der „Unterwelt" (der „Gebärmutter" der Erde) verehrten Abart des keltischen Anderswelt-Heros → Cernunnos. Wobei Heracura in dieser mythologischen Beziehung bei den Kelten sicher nicht einfach die „Begleiterin" eines potenten Anderswelt-Fürsten war, sondern die dominante Fruchtbarkeits- und Korn-Göttin, in deren Auftrag ihr jeweiliger Heros als eine Art „Fürst" über den unterirdischen Reichtum der Erde, die Fruchtbarkeit aus ihrem Schoß, herrschen durfte.

Neben Kore waren Aeracuras mythologische Schwestern zum Beispiel Persephone bzw. Proserpina. Als ostalpiner Beleg ihrer namentlichen Verehrung gilt einerseits eine (in lateinischer Schrift beschriebene) Fluch-Tafel aus Blei, die in Bregenz gefunden wurde und auf der neben Aeracura auch → Ogmios und Dis Pater angerufen werden. Eine andere Fundstelle lag im oberitalienischen Aquileia, der römischen Nachfolgesiedlung einer keltischen Metropole, von welcher aus in den Jahren 16 und 15 vor Chr. der bis dahin noch „freie" keltische Ostalpenraum erobert wurde.

Aeracuras Stellenwert als Erdmutter- und Korngöttin war immerhin so groß, dass ihre mythologische Nachfolge in „christlicher" Zeit in ostalpinen Bereichen wie z. B. in Tirol noch immer gewahrt bleiben musste. Die Platzhalter-Funktion wurde bis heute hauptsächlich von der heiligen → Notburga übernommen, die tatsächlich alles andere ist als eine harmlose und vorbildhaft brave „historische" Dienstmagd – auch wenn über lange Zeit krampfhaft versucht wurde, sie in eine solche umzufunktionieren.

AMBETH
Fruchtbare Urmutter in der Göttinnen-Trinität

Ambeth (auch Ana-beth, Ainbeth, Ainbetta, Aubet, Einbeth, Embede, Ombath usw.) galt als Fruchtbarkeits- und Gebärerinnen-Aspekt der keltischen Göttinnen-Trinität der so genannten → Bethen, der Drei Ewigen. Ambeths Name bzw. Titel setzt sich aus zwei prähistorischen Wortstämmen zusammen, die im gesamten indoeuropäischen Sprachraum verbreitet sind. Der Wortstamm *ana* ist eine Art Ursilbe für „Mutter" und steckt in → Dana/u und Diana ebenso wie in der apokryphen → Anna, in unseren Ahnen und in den Ammen. Der Wortstamm *beth* ist ein Wort für Erde (enthalten auch in Boden und Bett) und für Ewigkeit. Ambeth steht symbolisch für unendliche Fruchtbarkeit und ewiges Gebären neuen Lebens. Sie ist die Beschützerin und Garantin für den ewigen Kreislauf des ständig sich erneuernden Lebens. Sie bildet den Zenit und Höhepunkt der göttlichen Dreifaltigkeit der keltischen Frauen-Trinität. Ihre Symbol-Farbe ist das Rot des Blutes. Und das ihr zugeordnete Symboltier war ursprünglich die den zyklischen Kreislauf des Lebens verkörpernde Schlange, die schon die Ur-Mutter-Göttin begleitet hatte und später zur See-Schlange (dem „*Lind*-Wurm") mutierte.

Weiteres Erkennungszeichen war der Kessel der Fülle und der Wiedergeburt, der später auch als Schüssel, Topf, Tiegel, Kelch oder ähnliches
Gefäß dargestellt sein konnte, und in diesen verkleinerten Formen
diversen „Ersatz"- oder „Nachfolge-Heiligen" bis heute als Attribut
beigegeben ist. Insbesondere verweisen wir dazu auf → Margaretha,
→ Maria und Maria Magdalena. Entsprechend ihrem Stellenwert reichte Ambeths Verbreitung nicht nur in der Ausdehnung über einen Großteil der „Alten Welt". Bei genauerer Betrachtung zeigt sich auch eine
ungeheure Dichte an ehemaligen Verehrungsorten, die sich insbesondere in den Alpen in leicht abgewandelter Form bis heute erhalten
haben. Wo die alten Ambeth-Orte im Gefolge der Christianisierung zu
Sankt-Ambeth-Orten wurden, ist dies besonders leicht nachzuweisen.
Aber auch dort, wo sie mittels Margaretha und (später noch häufiger)
Maria überdeckt wurden, sind die Spuren relativ deutlich sichtbar
geblieben.

Wertvolle Orientierungshilfen geben die unzähligen Ortsnamen, die
direkt oder in leichten Abwandlungen Ambeth bzw. Sankt Ambeth enthalten. Dies reicht im ostalpinen Raum z. B. von Cortina d'Ampezzo im
norditalienischen Veneto und Ampezzo im Friaul bis nach Šempeter pri
Gorici (bei Görz) oder Šempeter v Savinjski Dolini westlich von Celje,
beide in Slowenien, vom ungarischen Szombathely bis zum oberbaye-
rischen Schöngeising an der Amper südlich von Fürstenfeldbruck, das
noch zur Römerzeit den romanisierten Keltennamen Ambrae trug.
Ganz zu schweigen von Amperpettenbach nördlich von München oder
von Andechs, heute „Heiliger Berg" der Gottesmutter Maria über dem
Ammersee, den der Fluss der Ambeth als Ammer aus dem Ammergebir-
ge zwischen Tirol und Bayern betritt, um ihn als Amper zu verlassen.
Und woher glauben Sie hat schließlich das niederösterreichische Am-
stetten seinen Namen, das früher dokumentarisch als *Ambtstetten* auf-
gezeichnet wurde?

Noch deutlicher als in unseren Orts-, Berg-, See- und Flussnamen tritt
Ambeth dort auf, wo sie in Sankt-Ambeth-Variationen (zusammen mit
den beiden anderen Bethen) *brezenbroad* („Breit wie eine Breze" – nicht
die berühmte kleinformatige, an der sogar schon Präsidenten und
Kriegsherren fast zugrunde gegangen wären) zwecks Anbet(h)ung auf
katholischen Altären steht. Dazu verweisen wir für weitere Details auf
den Beitrag → Bethen.

Da zur Erneuerung menschlichen Lebens in der Regel Fruchtbarkeit
und Sexualität eine Verbindung eingehen müssen, die zwar noch unsere keltischen AhnInnen in vollen Zügen genießen konnten, nicht aber
die späteren, nun von der Sünde der „Unkeuschheit" bedrohten katholischen Schäfchen, widerfuhr es auch Sankt Ambeth, dass sie ob ihrer
starken erotischen Komponente zum ehrenrührigen Bestandteil einschlägiger Schimpfworte geriet. Stand das auf die fruchtbare göttliche
Gebärerin zurückgehende *semper* in den ostalpinen Dialekten

ursprünglich für Eigenschaften wie fein, geschmückt, hübsch, attraktiv, anziehend, so bedeutete später z. B. in Bayern eine „Samperin", der „christlichen" Sexualfeindlichkeit folgend, eine Hure.

Aus der liebenden Urmutter war in sexueller Hinsicht eine „garstige Frau" gemacht worden. Doch ihre überkommenen Kultplätze waren nicht zu tilgen. So wurden sie zumeist ganz offiziell zu Orten der Verehrung für jene legendären Jungfrauen und Gottes-Mütter umgedeutet, denen es – lange vor der Erfindung der Invitro-Fertilisation (Befruchtung außerhalb des Körpers) und der „künstlichen" Befruchtung – wunderbarerweise gelungen sein soll, ohne Beischlaf mit einem Mann zu einer Schwangerschaft und einem Kind zu kommen.

Keltoromanische Muttergöttinnen beschützen und nähren die Menschen – ein Aspekt, der in der keltischen Göttinnen-Trinität der Borbeth zukam. Tonfiguren aus Salzburg-Iuvavum. Salzburg Museum.

47

An dieses Wunder wollte aber schon Gottesmutter Marias Verlobter Josef nicht so recht glauben, und später wohl auch nicht die Frauenwelt der Ostalpen. Unsere Ururgroßmütter hatten jedoch noch in „christlicher" Zeit ungebrochenes Vertrauen in die alten unverrückbaren Kultplätze, weil dort für sie nach wie vor göttliche „Expertinnen" saßen, die zwar ewig junge, fruchtbare und gebärfähige Frauen waren, aber keine „unberührten" Jungfrauen, sondern wie Ambeth mit unendlicher Erfahrung berührte weise und gestandene Weibsbilder, die keinen Mann über sich geduldet hätten – aber ihren hilfesuchenden Geschlechtsgenossinnen über die Jahrtausende treu zur Seite standen. So wurde halt das Wasser des Lebens der alten Religion mit einigen Winkelzügen auf die Mühlräder der neuen geleitet, und unsere liebe Frau Ambeth erlebte – wie ihre mythologischen „Drillings-Schwestern" → Borbeth und → Wilbeth – prompt ihre kultische Auferstehung im katholischen Heiligenkalender. Ihr Festtag war bis ins 20. Jahrhundert der 16. September.

BELESTIS
Göttliche Verbindung zwischen Friaul, Kärnten und Slowenien

Belestis macht sich heute im Dreiländereck Friaul-Kärnten-Slowenien etwas rar. Ja, es wurden bislang „nur" zwei Altäre aus römischer Zeit für die erhabene Keltengöttin gefunden: einer in Unterloibl bei Ferlach (Bezirk Klagenfurt Land) neben der Pfarrkirche zur Heiligen Dreifaltigkeit (!) am Beginn der schmalen Straße zum Loiblpass und nach Slowenien und einer oben auf der alten Passhöhe, wo er als Opferstock der 1898 abgetragenen Wallfahrtskirche St. Leonhard aufgestellt gewesen war.

Dabei steckt hinter der genannten „Belesti Augustae" sicher eine große, weit verbreitete keltische Berg- und Muttergöttin, deren Heros der heute ungleich bekanntere Belenus gewesen sein dürfte. Jedenfalls war Belestis, wie die gefundenen Altäre beweisen, u. a. Schutzgöttin für den heutigen Loiblpass über die Karawanken, der schon in vorrömischer Zeit auf der prähistorischen „Bernsteinstraße" die obere Adria mit dem östlichen Norikum verband.

Die Wallfahrtskirche von Alt-Sankt Leonhard an der von den Nazis mit Hilfe von KZ-Häftlingen untertunnelten Passhöhe wurde zwar Ende des 19. Jahrhunderts abgerissen, doch der ehrwürdige Belestis-Altar erhielt eine neue Heimstatt in der heutigen Leonhardikapelle ganz nahe dem ehemaligen Kultplatz. Über dem „heidnischen" Altar steht nunmehr in der winzigen Kapelle eine mythologisch aufschlussreiche Figur des heiligen → Leonhard. Zwar handelt es sich bei der Skulptur nicht mehr um das Originalkultbild der katholischen Wallfahrt, doch der Patron steht noch immer als deutlicher Hinweis auf einen keltischen Samhain-Kultplatz, der vermutlich auch zur „Halbzeit-Feier", zu Beltene (1. Mai), aufgesucht worden war.

Da die wegweisenden Legenden um den uralten Kultplatz teilweise erhalten geblieben sind, erfahren wir indirekt sogar, dass dem keltischen Belestis- und Belenus-Kult nahe dem Loiblpass in römischer Zeit vermutlich der, unter den römischen Soldaten stark verbreitete, Kult um den indo-iranischen Licht- und Sonnengott Mithras gefolgt ist. Nach diesen Legenden soll nämlich die ursprüngliche Leonhard-Figur an Ort und Stelle neben einem heiligen Baum „direkt aus dem Felsen gewachsen" sein – genau wie Mithras, den einst ein Fels gebar. Die bereits seit längerer Zeit „abgekommene" Wallfahrt zum steinernen Leonhard am Loiblpass war noch weit hinein in christlicher Zeit gerade bei Soldaten sehr beliebt und insbesondere auch bei Frauen mit Kinderwunsch.

BETHEN
Die Göttinnen-Trinität als Mittelpunkt des keltischen Glaubens

Dreifaltigkeit bzw. Dreieinigkeit sind keine christlichen Erfindungen! Schon weit über tausend Jahre vor dieser hatten z. B. unsere zu „Kelten" heranwachsenden Vorfahren begonnen, ihre eigene göttliche Dreifaltigkeit zu entwickeln. Der fundamentale Unterschied zu späteren Adaptierungen war allerdings, dass diese schöpferisch lebensspendende Dreieinigkeit nach den Regeln der Natur zu hundert Prozent weiblich war. Aus der einen Großen Urmutter hatte sich mit der Differenzierung der Lebensumstände der Menschen eine dreifache Muttergöttin, eine Göttinnen-Trinität entfaltet, die ohne Bart oder noch kleineren Unterschieden – bis hin zu Federn-Trägern – den uneingeschränkten Respekt ihrer Menschenkinder genoss!

Die „Unterschiede" innerhalb dieser holden Trinität bestanden in differenzierten Aufgaben fernab jeder Hierarchie oder chauvinistischen Denkens. Die drei Hauptrollen lassen sich stark abgekürzt folgendermaßen beschreiben: am einen Eckpunkt Licht und Weisheit, den Mittelpunkt bildete die Fruchtbarkeit, und Heil und Geborgenheit schlossen den Kreis auf der anderen Seite. Die göttliche weibliche Dreifaltigkeit/Trinität, der Kreislauf der Natur und der Zyklus des ewigen Lebens bildeten für die Kelten eine in sich logische untrennbare Einheit.

Den differenzierten Eigenschaften entsprachen
- der Aspekt von Licht und Weisheit → Wilbeth;
- der Aspekt der Fruchtbarkeit → Ambeth;
- der Aspekt des Schützens und Heilens → Borbeth

Diese im keltischen Leben und Glauben zentrale und dominante Bethen-Dreifaltigkeit fand später – weil sie gerade den Ostälplern einfach nicht auszutreiben war – auf mehreren Wegen Eingang in die

römisch-katholische Adaption des Christentums für das ehemals keltische Europa. Bis 1968 hatten die keltischen Drei Bethen sogar hochoffiziell einen fixen Platz im römisch-katholischen Heiligenkalender: am 16. September! Und sie dürfen bis heute von Mittel- und Süddeutschland über die Alpen bis Norditalien viele Kirchen und deren Altäre über alten Bethen-Kultplätzen schmücken.

BORBETH
Bergende Heilerin und Beschützerin

Borbeth (auch *Cubet, Gberbet, Gwerbet, Warbede*) war der Aspekt des bergenden wohligen Beschützens und des Heilens in der keltischen Göttinnen-Trinität, der Drei → Bethen. Der erste Bestandteil ihres Namens ist vom keltischen *borm* abgeleitet, was soviel wie warm, wärmen bedeutet, und auf den wärmenden Schoß der Erdmutter zurückgeht, in dem die Kelten ihre „Anderswelt", den vorübergehenden Aufenthaltsort der Seelen der Verstorbenen bis zur irdischen Wiedergeburt vermuteten.

Entgegen verschiedenen – gut gemeinten – Interpretationen ist Borbeth in keltischer Zeit wahrscheinlich nicht mit der Sonne verbunden

50

worden, sondern viel eher mit dem Mond, der damals zu hundert Prozent weiblich war. So sehr die Römer bei ihrem Aufstieg von einem erdverbundenen Bauernvolk zu den Beherrschern der Welt auf die Sonne setzten, und sie vom Jahreslauf bis zum göttlichen Herrscher zum Maß aller Dinge und Vorgänge machten, so sehr hatte bei den Kelten die dunkle Nacht und der (die) Mond zentrale Bedeutung in Leben und Glauben.

Dahinter steckt beileibe kein morbides Denken, sondern einfache, sinnliche Lebenserfahrung. Das Leben begann und beginnt bei allen Menschen von der Frühzeit bis heute in der Dunkelheit des wärmenden, bergenden, schützenden Mutterbauches. Und unsere keltischen Ahnen übertrugen diese simple Tatsache auf ihre Ansicht von den ewigen (zyklischen) Kreisläufen des Lebens. Wie ihr eigenes Leben oder das ihrer Haustiere immer im dunklen Mutterschoß anfing, so auch das (Vegetations-) Jahr mit dem Winter, der Tag mit der Nacht, der Mondzyklus mit dem Neu(!)-Mond usw. Die Schutzgöttin für diesen – nicht unheimlichen, sondern durch Ruhe und Geborgenheit heil machenden – Abschnitt war nun Borbeth, die dunkle, bergende Berg- und Wintermutter in der Frauen-Trinität, die sich sogar im Märchen von der Frau Holle (der holden, heiligen Frau) erhalten hat.

Die symbolische Farbe der Borbeth war schwarz, wie die Nacht und der Neumond. Ihre mythologische Entsprechung bei den im Laufe des Mittelalters als „Ersatz" eingeführten ostalpinen NothelferInnen ist die dunkle → Barbara mit ihrem symbolischen Turm, dem bergenden, schützenden Bergfried. Ihr entspricht darüber hinaus auch die im ehemals keltischen Europa an dominanten Kult- und Wallfahrtsplätzen etablierte „Schwarze Madonna", deren Farbe natürlich nicht vom Ruß der abgebrannten Opferkerzen stammt, sondern von vornherein dazu verwendet wurde, sie als Borbeth-Nachfolgerin zu legitimieren.

Diese Metamorphose fand von Tschenstochau in Polen bis Loreto in Mittelitalien statt, von Montserrat in Spanien bis Brünn in Tschechien, und es trifft auch auf Einsiedeln in der Schweiz oder Altötting in Oberbayern zu. Und die Pilgerrouten zu den prähistorischen Borbeth-Kultplätzen der alten Erdmutter sind noch heute quer über die Alpen gesäumt von mehr oder weniger bekannten Kopien und Ablegern Schwarzer Madonnen – mit allzu oft verharmlosenden Legenden zu Herkunft und Farbe der zumindest in der Vergangenheit „wundertätigen" regionalen Gnadenbilder. Vielleicht befindet sich auch in Ihrer Nähe ein solches. Wenn ja: Wetten, dass – der eventuell ins Spiel gebrachte Ruß ein albernes Ammenmärchen ist! (Oder bringen die Schornsteinfeger gerade deshalb Glück?)

BOVINDA
Nährende Urmutter und Rindergöttin

Bovinda oder Bouinda, verwandt der inselkeltischen *Boand* bzw. *Boann(a)*, geht auf eine Urmuttergöttin zurück, die mit ihren Wurzeln bis in die Steinzeit reicht. Mit der damaligen „neolithischen Revolution", einem Jahrhunderte dauernden Prozess der Sesshaftwerdung durch die Einführung der Landwirtschaft, von Ackerbau und Nutztierhaltung, kam es auch zu entsprechenden Veränderungen in den Vorstellungen und Bildern der Religion der Menschen. Die zentrale Figur der Urmutter erhielt in den landwirtschaftlich geprägten Gegenden die Gestalt eines Rindes, einer weißen, milchspendenden Kuh – und ihr Heros wurde als Stier (-Kälbchen) dargestellt. Bovinda, weiße Kuh, war die keltische Bezeichnung für die große nährende Mutter.
Der Name der Göttin steckt nicht nur z. B. im irischen Fluss Boyne, sondern vermutlich auch in Uindobona, der keltischen Vorgängersiedlung von Wien, die einst auf dem Kahlenberg lag – nicht dem heutigen, sondern dem nunmehrigen Leopoldsberg, der bis ins 17. Jahrhundert selbst Kahlenberg hieß. Und auch das *kal* hat eigentlich eine göttliche Wurzel: es kommt von einem keltischen Wort für „Rind" bzw. „Kuh" (indoeuropäisch *gau, kau*), das mit Gall, Göll oder → Gula verwandt ist. Der heilige Berg der weißen Kuhgöttin, der „Amme der Menschheit", war der Ursprung von *Uindobona* vulgo Wien.

BRIGANTIA
Erhabene Muttergöttin West- und Mitteleuropas

Brigantia (*Bricta, Brixia*), die Hohe, die Erhabene, die Ehrwürdige, die Leuchtende, war eine mythologische Schwester (oder Vorfahrin) der Dreifachen Brigid der Insel-Kelten und als Muttergöttinnen-Trinität über weite Teile West- und Mitteleuropas verbreitet. Vermutlich ging sie aus einer bis in die Steinzeit zurückreichenden europäischen Urmutter-, Schutz- und Heilergöttin hervor.
Dem entsprechend war Brigantia auch die allmächtige Göttin des Territoriums, der Berge und Gewässer (vermutlich auch der Furten und Brücken), der Fruchtbarkeit der Pflanzen, der Tiere und Menschen, Hüterin der Herden und sorgende Heilerin. Im Ostalpenraum und angrenzenden Bereichen hat sich die erhabene Muttergöttin weniger in (römischen) Inschriften und ähnlichen „Belegen" erhalten, als vielmehr in (dominanten) Orts- und Gewässernamen – und in mythologischen Varianten (z. B. → Epona oder → Guta).
Der Merksatz „Brigach und Breg bringen die Donau zu Weg" bietet SchülerInnen im Geografie-Unterricht die Möglichkeit, sich „auf keltische Art" (mit einem Reim) die beiden Quellflüsse der Donau einzuprä-

gen. Wir haben eine wunderbare Verbindung zwischen der keltischen Göttin → Dana/Danu, die diesem großen europäischen Strom ihren Namen gab, und der Göttin Brigantia, die alles andere als zufällig in den beiden süddeutschen Quellflüsschen der Donau verewigt ist, wo die alten Griechen die Wiege der Kelten vermuteten.

Und auch ein anderer großer europäischer Fluss ist mit Brigantia verbunden: der Rhein, der in seinem Oberlauf die Grenze zwischen West- und Ostalpen bildet, ehe er zwischen Bregenz und Konstanz den Bodensee durchfließt. Bregenz ist selbst nach der keltischen Göttin Brigantia benannt, und auch der See war bis in die späte Römerzeit bekannt als *Lacus Brigantinus*, See jenes keltischen Volkes, das davon überzeugt war, zur Familie der erhabenen Brigantia zu gehören.

Und auf der Südseite der Ostalpen, dessen Tiroler Teil heute zu Italien gehört, geht der ehemalige Bischofssitz Brixen am Zusammenfluss von Eisack und Rienz vermutlich nicht einfach auf einen feudalen Gutshof Prichsna zurück, den der damals siebenjährige König Ludwig, das (von Klerikern bevormundete) Kind, im Jahre 901 dem Bischof von Säben „geschenkt" haben soll. Dahinter steckt mittelbar die erhabene keltische Muttergöttin-Trinität, die sich gerade rund um Brixen in auffälliger Dichte – bildhaft dargestellt in „getauften" Varianten der → Bethen – auf den Altären und Chorwänden katholischer Kirchen erhalten hat, die im Laufe des Mittelalters über den „heidnischen" Kultplätzen auf den umliegenden Berghängen errichtet worden waren, so z. B. in Klerant, Meransen, Barbian, Dreikirchen.

Gut nachbarschaftlich und im Kontrast zur Südtiroler Bergwelt wollen wir schließlich als Brigantia-Erbin noch das alte Brigetio an der Donau erwähnen, einst stolzes Municipium und strategischer Knotenpunkt der römischen Provinz Pannonien im heutigen Stadtteil Szöny der nordungarischen Stadt Komárom an der Grenze zur Slowakei.

DANU
Prototyp einer Erdmutter und Wassergöttin

Danu (auch *Dana, Anu, Ana*) ist der Prototyp einer Großen Ur- und Erdmuttergöttin. Wie die (jüngere) → Ambeth trägt sie die uralte Silbe *an(a)* im Namen, die im gesamten indoeuropäischen Sprachraum mit dem Begriff „Mutter" unmittelbar verknüpft ist. Bis zu den Kelten wurde sie als die Gebende, Nährende, Schenkende, Blühende, Überströmende verehrt, Sinnbild von Mutter Erde, welche das umfassende Leben in seiner unendlichen Fülle schenkt, um es nach gewisser Zeit in ihren warmen, schützenden, heilenden Schoß zurückzunehmen und dort in der anderen Welt auf eine neuerliche (Wieder-) Geburt vorzubereiten. Im Unterschied zu ihren späteren mythologischen Töchtern, wie z. B. die irische Brigid oder unsere heimischen → Bethen, hatte sich

Mutter Danus Gestalt noch nicht zur Trinität differenziert. Unter gleichen oder ähnlichen Namen und Rollen war Dana/u oder Ana/u ursprünglich in Europa von Irland bis nach Asien verbreitet. Wie es sich für eine Mutter- und Lebensgöttin gehört, hinterließ sie dabei ihren „Namen" insbesondere in großen Strömen Europas (z. B. Donau, Don, Dnjepr, Themse), in Ländern (z. B. Dänemark) und „Völkern", die sich auf die Abkunft von ihr beriefen. Wobei für unseren Bereich natürlich die Donau am interessantesten ist, der die römischen Besatzer einen männlichen Fluss-Gott „Danuvius" anzudichten suchten, um sie an einer der wichtigsten Außengrenzen des Imperiums auf typisch chauvinistische Art zu bezwingen – eine Deutung, der noch heute manch klassisch gebildeter Donau-Anrainer anhängt.

Nichtsdestotrotz hielt sich in der zu „harmlosen" Sagen umgedeuteten Überlieferung der keltischen Mythen das vorrömische Bild der Urmutter Donau: Wie das Christentum, über die in der Bretagne bis weit ins Mittelalter nicht erloschene Verehrung der keltischen Dana/Ana auf einem „gallischen Umweg" zur apokryphen Mutter der amtierenden Mutter Gottes und damit Jesus Christus zu seiner „Großmutter" → Anna gekommen war, so ähnlich ironischerweise auch der Gegenspieler ihres „Enkels", der teuflische Antichrist, zu der seinen.

54

Ein aufgelegtes Beispiel dafür begegnet uns zwischen Ober- und Niederösterreich an bzw. in der Donau mitten im so genannten Strudengau, benannt nach dem ehemaligen Wirbel (Strudel), der durch einen unter Kaiser Franz Joseph gesprengten großen Felsen unter Wasser entstand und über die Jahrhunderte immer wieder Schiffe samt Besatzung und Ladung in den Strom ziehen konnte.

Was Ur-Mutter Donau einst selbst besorgt hatte, wurde in der christlich gewendeten regionalen Sage nach bewährter Manier zum Werk des Teufels bzw. konkret zu dem seiner „Großmutter"! Wie bitte? Ein Keltenbuch mit Teufels Großmutter?! Wie heißt es in irokeltischen Sagen zur Auflösung vermeintlicher Rätsel: Ist nicht schwer! Wenn wir uns vor Augen führen, dass die Gestalt des Gegenspieler Gottes, des Fürsten der christlichen Unterwelt, als gehörnter Teufel in unseren Breiten ein kaum verhülltes Zerr- oder Abbild des Heros der Muttergöttin-Trinität, des Fürsten der keltischen Anderswelt → Cernunnos ist, dann muss die „Mutter" seiner Mutter, also Urmutter Danu, natürlich seine Großmutter sein. – Und wenn Cernunnos mit christlicher Hilfe zum furchterregenden Teufel mutierte, dann Danu logischerweise zu „Teufels Großmutter"!

Auf diesen sagenhaften Schluss passt ein „Pharisäer", ein Kaffee mit Schuss und Sahnehäubchen, im biedermeierlichen Café Blumensträußl in Grein im Strudengau. Leider nichts mehr für Großmutter Danu, der zu Kaisers Zeiten ihr unterirdischer Glaspalast beim Strudelfelsen unterm Popo gleich mit weggesprengt worden war.

EPONA
Die Mutter- und Fruchtbarkeitsgöttin mit dem Pferd

Epona, deren Name vermutlich auf ein altes (vor-)keltisches Wort für Pferd *(epos)* zurückgeht, lässt mit ihrer Pferde-Symbolik auf ein sehr hohes Alter schließen, auf eine Zeit, die vielleicht noch vor der Sesshaftwerdung im Neolithikum lag. Während das Rind und die Rindergöttin → Bovinda bzw. → Uinda, die bis in die Hallstattzeit reichende Große Kuhmutter, enge mythologische Verwandte der Mondkuhgöttinnen des östlichen Mittelmeerraumes, ein gewisses Maß an bodengebundener Landwirtschaft zur Rahmenbedingung haben, stand das Pferd ursprünglich für hohe Beweglichkeit, wie sie vor der Einführung der Landwirtschaft die Regel war.

Zwar spukt im durchschnittlichen romantischen Keltenbild das Pferd als flinker Gefährte des unerschrockenen, abenteuerlustigen keltischen Kriegers herum, der auf ihm reitend (oder gar stehend) zum Schrecken der Griechen, Römer und anderer „zivilisierter Völker" wird und der es vor seinen Streitwagen spannt, um darauf dann in voller Fahrt wie ein Kosake zu balancieren. Doch lassen wir bei Epona lieber

die Pferde im Stall oder im heiligen Hain unserer keltischen Vorfahren, wo sie damals je nach Aufgabenbereich in der Regel und ganz pragmatisch hingehörten.

Einerseits züchteten die Kelten gerade in den Ostalpen besonders tüchtige und belastbare Nutz- und Lasttiere – und keine Rennpferde. Andererseits hatten bestimmte Pferde – insbesondere weiße – eine starke mythologische Funktion als vermeintlich orakelkundiges Licht-Symbol und „Mitwisser der Göttin" und zentrale Akteure bei den Ritualen zu Samhain. Sie durften gar nicht bestiegen oder geritten werden. Göttin Epona ist auch diesbezüglich eng mit dem Pferd verbunden, als sie mit ihm ihre Licht- und Weisheitskomponente ausdrückt. Die Fruchtbarkeit symbolisiert sich darin, dass ihr Symboltier kein Hengst, sondern eine Stute ist, der zur stärkeren Verdeutlichung ein Fohlen beigegeben sein kann. Dazu kommt fallweise noch ein Füllhorn, das bereits den Übergang zur Rindergöttin andeutet. Schutz und Geborgenheit werden schließlich mit einer Mauerkrone angedeutet, mit der Epona auf entsprechenden Darstellungen aus keltoromanischer Zeit geschmückt ist. Heil- und Wiedergeburtsaspekte drücken sich an den heiligen Quellen aus, an denen sie offensichtlich verehrt wurde.

Eponas Verbreitung reichte einst von der iberischen Halbinsel über die britischen Inseln bis zum Balkan. Und die Römer überzogen sie erstaunlicherweise nicht mit einer sonst „typischen" Interpretation, die einer ihrer eigenen Göttinnen entsprochen hätte, sondern sie integrierten sie als Epona, die Pferde-Göttin, in die römische Götterwelt. So kam sie auch auf jene Steindenkmäler, die sich vom Ostalpenraum bis zum Limes zwischen Rhein, Main und Donau von ihr fanden. Am Bodensee schmückt heute z. B. ein nicht zu übersehendes Exemplar das Nordtor (Unteres Stadttor) der Oberstadt von Bregenz. Epona thront hier im charakteristischen „Damensitz" auf einem Pferd, trägt auf ihrem Kopf – als (der Brigantia verwandte?) Schutzpatronin der Stadt – eine Mauerkrone und füttert mit einer Schale in jeder Hand junge Fohlen. Ein ähnliches Relief mit Epona wurde in Enns-Lorch, dem ehemaligen Lauriacum, gefunden, auf dem die Göttin ebenfalls Fohlen füttert. Der heutige („private"?) Verwahrort ist allerdings nicht bekannt. In der Steiermark bestand ein Heiligtum für Epona u. a. auf dem Frauenberg über Leibnitz.

In Deutschland fanden sich Epona-Reliefs in Baden-Württemberg, Hessen und Bayern. Wobei die alten (aus dem Keltischen abzuleitenden) Siedlungsnamen darauf hindeuten, dass die römischen Besatzer manche regionale Schutzgöttin kurzerhand mit Epona gleichsetzten. Die Epona von Heddernheim an der Nidda, einem Stadtteil von Frankfurt/Main, stammt z. B. aus der römischen Munizipalstadt Nida, deren Name – wie der des Flüsschens – aus dem Keltischen übernommen wurde. Ein stark beschädigtes Epona-Relief wurde in Weißenburg in Bayern gefunden, das in der Römerzeit ein Kastell erhielt, das den (keltischen) Namen *Biriciana* trug.

In Nassenfels im benachbarten Landkreis Eichstätt stand ebenfalls ein Römerkastell. Hier schützte ein im Giebel eingemauertes Epona-Relief (in „Zweitverwendung") bis zum Jahr 1920 ein altes Bauernhaus. Zur Zeit der Herstellung des Reliefs hieß Nassenfels *Vicus Scuttarensis*, nach einer latinisierten Bezeichnung des Baches, der heute Schutter heißt. Wieder sind Siedlungs- und Gewässername keltischen (göttlichen?) Ursprungs. In Baden-Württemberg war bis 1583 im „Alten Schloss" von Beihingen, in einer Flussschlinge des Neckars, ebenfalls in „Zweitverwendung" ein prächtiges Epona-Relief eingemauert, das danach nach Stuttgart verfrachtet wurde, wo es heute im Lapidarium des Landesmuseums hängt. Der ursprüngliche Kultplatz war vermutlich auf dem Bergsporn über dem Ort, auf dem heute die evangelische Pfarrkirche St. Amandus steht. (Amandus, „Apostel der Belgier", war – wie Patrick – ein ausgewiesener „Schlangenvertreiber", also eine probate symbolische Waffe zur Vernichtung der keltischen Religion!)

Die Vernichtung gelang allerdings nirgends so radikal wie gewünscht. Gerade auch die erhaltenen Spuren der ehemaligen Schutz- und Pferde-Göttin Epona sind äußerst vielfältig und weit verbreitet. Bei näherer Betrachtung (und Entzerrung) haben nicht zuletzt auch diverse Sagenheldinnen der Ostalpen verblüffende Parallelen zu Epona und ihren mythologischen Schwestern. Das trifft z. B. auf die legendäre Frau → Guta zu, die einst die Stadt Bregenz vor einem feindlichen Überfall bewahrt haben soll, und dort heute einen eigenen Ehret-Guta-Platz hat. Und die sagenhafte „Reiterin" → Gula, die einst in Windeseile von der Donau bei Göttweig zum Ötscher nahe Mariazell geritten sein soll, um sich, ihren Sohn Another und ihre Schätze in den Bergen der Alpen in Sicherheit zu bringen, ist ganz offensichtlich eine von vielen Epona-Varianten, die in Irland z. B. auch Etain hieß – die „schnelle Reiterin".

GULA
Keltische Urmutter von Göttweig bis Mariazell

Gula ist eine Sagengestalt aus Niederösterreich in der Art einer (vor-) keltischen Berg- bzw. Urmutter. Ihr legendärer Heros und Sohngeliebter Änother signalisiert bereits im Namen seine Verbindung zur keltischen „Anders-Welt" im Bauch von Mutter Erde. Gula war vermutlich eine ostalpine Form der diversen Variationen einer prähistorischen Urmutter, die von der Cailleach in Irland und Schottland bis zum Heiligen Berg Kailash am asiatischen „Dach der Welt" reicht, und wahrscheinlich – hier befinden wir uns im Widerspruch zu chauvinistischen („kämpferischen") Erklärungsmustern – auch den Galliern ihren Namen gegeben hat.

Die Form Gula ist keinen spätantiken Weihesteinen oder Altären zu entnehmen, die in der Zeit der Römerherrschaft alte Gottheiten tradierten. Sie kommt jedoch in diversen Sagen vor, die sich bei näherer Betrachtung als aufschlussreiche Beschreibungen vorchristlicher Mythologie entpuppen. Insbesondere gilt dies im Bereich jenes Heiligen Pilgerweges zwischen Göttweig und Mariazell, der offensichtlich schon lange vor dem Christentum existierte und im Zeichen einer, auch von unseren keltischen Vorfahren verehrten, Großen Urmutter stand.

Für die mythologische Entschlüsselung von Bedeutung sind nicht nur die Verbindung zwischen Strom (Donau) und Berg (Ötscher). Eine wesentliche Rolle spielt auch die Verbindung Gulas zum Pferd, einem uralten Licht- und Sonnensymbol, das die Göttin einerseits in unmittelbare Nähe zu → Epona bringt, und andererseits zur irischen Muttergöttin Etain, deren Name mit „die Schnell-reitende" übersetzt wird.

Dass der imaginäre Weg, den Gula auf ihrem – später als „Flucht vor den Awaren" umgedeuteten – Ritt nach Süden quasi mit „Lichtgeschwindigkeit" durcheilt, von vorchristlichen Lichtkultplätzen gesäumt ist, wundert natürlich nicht weiter. Auch nicht, dass der Stadtheilige von St. Pölten, einem wichtigen Kreuzungspunkt auf dem Weg, justament Hippolytus (der Pferdeknecht) ist, die christliche Version des Hippolytos, der den Sonnenwagen des Apollon zu einer tödlichen Spritzfahrt entlieh. Und schließlich wundert es auch nicht, dass Gulas „Himmelfahrts-Kommando" in den am Weg gehäuften regionalen Patrozinien „Zu Unserer Lieben Frau Mariae Himmelfahrt" nachklingt,

DELINEATIO SCENOGRAPHICA TOTIUS MONASTERII GOTTWICENSIS.

Kultstätte der Bergmutter Gula und Ausgangspunkt eines Heiligen Pilgerwegs, der schon lange vor dem Christentum existierte: Stift Göttweig.

von denen besonders das des Stiftes Lilienfeld hervor sticht. Kurz und gut: Gula war vor Maria in Göttweig und Mariazell – und auch an den Kultstätten dazwischen!

GUTA
Gute Beschützerin

Guta begegnet uns in den Ostalpen u.a. als mit der Stadt Bregenz verbundene Sagengestalt und hat dort in der so genannten Oberstadt sogar einen nach ihr benannten Ehre-Guta-Platz zwischen dem Stadttor im Martinsturm und der Eponastraße. „Ehre Guta!" war auch der, angeblich auf ein Gelübde zurückgehende, Zusatz, der bis ins 19. Jahrhundert von Martini (11. November) bis Lichtmess (2. Februar) vom Nachtwächter seinem Stundenruf angefügt wurde.

Guta soll der regionalen Sage nach eine alte Frau gewesen sein, welche die Stadt Bregenz durch ihre Warnung vor einer feindlichen Erstürmung im Appenzellerkrieg (1405–1408) bewahrte, da nun noch rechtzeitig ein Entsatzheer aufgebracht werden konnte. Die Sage von der Guta ist nicht einfach eine fromme Mär, sondern vermutlich eine, wohl durch die Handschrift St. Galler Kleriker und Feudalherren, stark ramponiert überkommene Variante zu den Mythen, die sich am Rande des

Bodensees um eine „Gute Göttin", eine Schutz- und Muttergöttin nach Art der → Epona rankten.

Das Gute, Göttliche drückt sich unmittelbar im Wort selbst aus. Wobei wir jedoch nicht der einschränkenden These huldigen wollen, dass der Wortstamm dazu „ausschließlich im germanischen Raum entstanden" sei. Es dürfte – und tatsächlich ist es ein Neutrum, also ohne Zuordnung zu einem Geschlecht – älter sein als die verkrampfte Germanisiererei und somit eher indoeuropäischen Ursprungs.

So oder so, in den Mythen unserer Vorfahren war Guta eindeutig weiblich, und der genannte Zeitraum zwischen Martini und Lichtmess, in dem sie besonders verehrt wurde, deckt sich relativ eng mit dem keltischen Winter. Die Vermutung liegt nahe, dass auch die Guta der Oberstadt von Bregenz im Grunde aus einer schützenden und bergenden keltischen „Wintermutter" hervorgegangen ist. Und ein Fingerzeig ist vielleicht auch das, augenscheinlich zum Schutz der Bregenzer Oberstadt am Martinsturm angebrachte Epona-Relief. Vielleicht gab die steinerne Schutzgöttin erst den Anstoß, aus ihr mittels verharmlosender Sagenversion eine scheinbar schwache alte Frau zu machen, der nur noch der Nachtwächter huldigt. Dies geschieht allerdings fast genau zwischen den Eckpunkten des keltischen Jahreskalenders, zwischen Samhain (1. November) und Imbolc (1. Februar)! Die Abweichung zwischen 1. und 11. November geht ironischerweise auf den, von den Franken im Frühmittelalter zwangsweise installierten, Martin zurück, den sie sich im Gefolge der Merowinger zum Schutzpatron ihrer Eroberungszüge gekürt hatten, und mit dessen Hilfe sie unter anderem auch Brigantium eroberten!

HITT
Schützende und nährende Bergmutter Westösterreichs

Während sich die irischen und schottischen Kleriker des frühen Mittelalters noch relativ wohlwollend der eigenen Wurzeln und jener der heimischen vorchristlichen Mythen besinnen und sie schriftlich festhalten konnten, wehte in den Ostalpen bald ein anderer Wind der Christianisierung. Die „iroschottische" Mission hatte es zwar auch hier verstanden, subtil am vorhandenen keltischen Glaubengut anzuknüpfen und geduldige Überzeugungsarbeit zu leisten, doch die spätestens von Karl dem Großen bevorzugt an die ideologische Front geworfenen „germanischen" Haudraufs nach dem Muster eines Bonifatius, eines Erzbischofs Arno und ähnlicher Wegbereiter einer Missionierung mit Axt, Feuer und Schwert, setzten danach auf brachialere Methoden, auf die Verbreitung von Angst und Schrecken zur Durchsetzung der Feudalherrschaft.

Dieser Methode der „Drohbotschaft" fiel offensichtlich auch unsere

Frau Hitt zum Opfer, im Kern eine westösterreichische Variante der nährenden, schützenden, bergenden, heilenden Bergmutter. Der von der alten Muttergöttin ihren Kindern ursprünglich gebotene Überfluss, reiche Kornäcker, üppige Wiesen, grünende Wälder, entsprach nicht mehr dem Konzept von einem Diesseits als Jammertal, in dem man/frau sich zu Gunsten der unersättlichen Feudalherren abzurackern, denen den Großteil der produzierten Nahrungsmittel (von der Milch bis zum Ochsen) abzuliefern und dafür den Herrn zu loben hatte, um dafür vielleicht nach dem Tod in einem „himmlischen Jenseits" belohnt zu werden. Subtil war nicht mehr die Vermittlung des „neuen", zu Verzicht und Unterordnung mahnenden Glaubens und seiner Werte, sondern die Verteufelung der alten Gottheiten mittels Beschreibung der herrschenden „christlich-feudalen" Realität. So wurde allen Ernstes aus der „heidnischen" Muttergöttin, der üppig schenkenden, ver-

Exemplarische Verteufelung einer alten Gottheit: Aus der „heidnischen" Muttergöttin wurde die geizige „Riesenkönigin" Frau Hitt. Ansichtskarte von Heinz Pinggera, 1914. Stadtarchiv Innsbruck.

schwenderisch nährenden und sorgsam behütenden Frau Hitt, deren Name garantiert auf (ver-) bergen in ihrem Mutterschoß, der paradiesischen keltischen Anderswelt zurückgeht, eine geizige „Riesenkönigin", die der nun herrschende christliche Patriarch im Himmel damit strafte, dass er sie und ihr fruchtbares Land zu Stein werden ließ, weil sie, die Nachfahrin der Kuh- und Korngöttin, verschwenderisch mit Milch und Brot umging.

Die wirklichen Unterdrücker, die irdischen Feudalherren, blieben in diesem System nicht nur ungeschoren, sie machten mit den Religionshütern gemeinsame Sache bzw. Kasse, die ihnen dafür im Gegenzug halfen, die Erinnerungen an frühere Wertsysteme und Glaubensvorstellungen gehörig zu verteufeln. Ob die gläubige Landbevölkerung diesem Schwindel tatsächlich aufsaß, ist eine andere Frage. Der als „Aberglaube" denunzierte „Volksglaube" hatte zwar über die Jahrhunderte die ehemals klaren Konturen verloren, doch die Bergmutter dürfte wahrscheinlich noch immer ein anderes Ansehen genossen haben, als es sich die Feudalherren wünschten. So finden wir bei genauerer Betrachtung wichtige Teile der im Bauch der keltischen Bergmutter versteckten schützenden und heilenden Anderswelt nicht nur bei der steinernen Frau Hitt über Innsbruck, sondern mit ganz ähnlichem Namen z. B. im Hittisberg bei Hittisau in Vorarlberg – und unter einschlägigen Namensvarianten an zahllosen anderen Orten der Ostalpen.

ILARA
Muttergöttin mit vermeintlichen Illyrerwurzeln

Ilara war einer der unzähligen Namen prähistorischer Muttergöttinnen, die sich mittels nach ihnen benannter Flüsse bis in die Gegenwart retteten. Im Falle der Ilara ist einer dieser Flüsse die Iller, die sich bei Oberstdorf im Allgäu aus den Quellflüssen Breitach, Trettach und Stillach bildet und nach rund 150 km bei Ulm in die Donau mündet. Über ihren lateinischen Namen Hilaria fand Ilara als „Hilaria von Augsburg" sogar Eingang in die Gemeinschaft der katholischen Heiligen.

In Augsburg soll Hilaria, die eine zugereiste Königin aus Zypern gewesen sein soll, zusammen mit ihrer Tochter → Afra und drei (!) Dienerinnen ursprünglich ein florierendes Bordell eröffnet haben, ehe sich die Damen mit Hilfe zweier spanischer Kleriker zum Christentum bekehrten. Worauf die geläuterte Ex-Königin eine Kapelle erbauen ließ, über der später das Stift Ulrich und Afra errichtet wurde, das vermutlich selbst an der Stelle eines vorchristlichen Kultplatzes der keltischen Vindeliker steht.

Weil die obligate Keltenverdrängung bis vor kurzer Zeit oft die seltsamsten Blüten treiben konnte, hatten fantasiebegabte Historiker und Heimatforscher sogar die Ostalpen zum Aufmarschgebiet der Illyrer erklärt, die ohne diese Schützenhilfe im eigentlichen Herkunftsgebiet, dem heutigen Albanien, auch gut genug aufgehoben gewesen wären. Doch auf diesem unsinnigen Umweg wurde sogar die alpenkeltische Ilara zeitweilig zur vermeintlichen Illyrer-Göttin. – Wenn jetzt noch jemand käme, und die keine 10 km nördlich von Innsbruck entspringende Isar als ur-baskisch erklärte …

Doch Ilara hat weder mit Zyprioten noch mit Spaniern, weder mit Illyrern noch mit Basken – oder mit politisch motiviertem Separatisten-Spuk – zu tun. Sie war eine waschechte Keltin und ursprüngliche regionale Schutzgöttin für ostalpine Gebirgsflüsse und deren Anwohner, mit der sogar die römischen Besatzer etwas anfangen konnten. War doch „Hillaria" im alten Rom der ähnlich klingende Name für den dritten Tag des Festes der „adoptierten" kleinasiatischen Bergmutter und Fruchtbarkeitsgöttin Kybéle, die Anfang des 3. „nachristlichen" Jahrhunderts unter dem Namen Kybele-Rheia zur Schutzgöttin der römischen (Provinz-) Städte erkoren worden war – unter denen sich auch Augsburg/Augusta Vindelicorum befand. Ihr Kult stand bald in unmittelbarer Konkurrenz zum Christentum, und zu ihrem Fest Ende März bekam sie einen phallischen Märzbaum aufgestellt. Die keltische Ilara hielt das aus.

ISA
Ostalpine Wassergöttin zwischen Isar und Isonzo

In Isa oder Is steckt eines der ältesten Wasserworte der indoeuropäischen Sprachenfamilie, das bis heute die Stammsilbe unzähliger Gewässernamen bildet. Isa war konsequenterweise auch der Name einer in den Sagen tradierten keltischen Mutter- und Flussgöttin. Die Verbindung reicht von Ischl, Isar, Isel und Isonzo, über Eisack und Enns bis Ois und Ybbs – und vom Enzinger Boden in der Glockner Gruppe bis nach Istrien.

Als Töchter und Söhne der Muttergöttin Isa dürften sich u. a. auch die keltischen Amb-is-onten verstanden haben, aus deren Namen vermutlich später der Pinzgau am Nordfuß der (noch) von Eis bedeckten Hohen Tauern abgeleitet worden ist. Isonta hieß vermutlich auch der

Ilara, die Schutzgöttin ostalpiner Gebirgsflüsse, gab den Namen: der Durchbruch der Iller bei Altusried („Altusrieder Canyon").

64

Oberlauf der heutigen Salzach, die für die Kelten sicher nicht unter dem Salzachgeier (2466 m) in den Kitzbüheler Alpen entsprang, sondern drüben auf der „anderen" Seite, am mächtigen Alpenhauptkamm, unter dem über Tausend Meter höheren sagenhaften Dreiherrenspitz (3499 m), dessen Quellwasser auf Salzburger Seite heute als Krimmler Ache bezeichnet wird, und wo sich der seit prähistorischer Zeit genutzte Passübergang der „Birnlücke" (2665 m) nach Italien befindet.

KELEIA
Fruchtbare Schutzgöttin an der Bernsteinstraße

Keleia (lat. *Celeia*) war eine keltische (oder aus vorkeltischer Zeit übernommene) Fruchtbarkeits- und Schutzgöttin im Bereich des heutigen Slowenien. Die slowenische Stadt Celje im Savinjatal ist ebenso nach ihr benannt, wie das schon an der selben Stelle – einer wichtigen Kreuzung an der prähistorischen „Bernsteinstraße" – die keltische Siedlung Keleia gewesen war. Die römischen Besatzer latinisierten den Namen auf Celeia und bauten das alte Oppidum zu einer Stadt mit rund 10.000 Einwohnern aus.
Eine kleine Figur der Keleia aus Celje zeigt die Schutzgöttin der Stadt auf einem Thron. Als Attribute hat sie eine Art „Krone" auf dem Kopf und einen Früchtekorb im Schoß. Ihr Heros hieß vielleicht – so zumindest die Darstellung in Celje – Savus, der dann an ihrer Stelle dem (allerdings weiblichen) Fluss Savinja seinen Namen gegeben hätte. Diese Darstellung könnte allerdings auch – wie im Falle der Donau und des unkeltischen „Flussgottes Danuvius" an Stelle der Original-Göttin Danu – eine von den örtlichen Historikern noch nicht korrigierte typisch „römische Interpretation" einer Sava sein.

LIKA
Wassergöttin mit pseudobaskischen Verfolgern

Lika ist der keltische oder vorkeltische Name einer Mutter- und Wassergöttin, die unter anderem dem Lech ihren Namen gab und – zur Hälfte – den Vindelikern, die in keltischer und römischer Zeit im Einzugsgebiet des Lech zwischen Vorarlberg, Tirol und Bayern bis zum Inn und zur Donau siedelten. Zwar wird Lika bzw. dem Lech und der Isar heute von einer auffällig radikalen Minderheit eine (vor-) baskische (!) Vergangenheit angedichtet, doch sollen sich diese „exotischen" Beiträge zu ihrer Geschichte die Bayern selbst ausstreiten. (Dank Lehrstuhl-Sponsoring durch Großkonzerne ginge der gelehrte Wettstreit vielleicht sogar ohne Steuergelder über die theoretisch linguistische Bühne. – „Mich geht's ja nicht an!", Karl Valentin.)

Für die keltischen Vindeliker, die zuvor zwischen Vorarlberg und Bayern ansässig gewesen sind, setzte sich jedenfalls ihr eigener Name zusammen aus den Namen ihrer beiden altvertrauten Mutter-Göttinnen → Uinda (u. a. auch Schutzgöttin der heutigen Wertach) und Lika (Schutzgöttin des Lech) deren Flüsse bei Augsburg (lat. *Augusta Vindelicorum*) ineinander fließen, wo ihnen wahrscheinlich einst ein wichtiger Kultplatz, ein überregionales Kultzentrum, geweiht war.

MATRONAE
Latinisierte Muttergöttinnen-Trinität

Matronae, Matronen (auch *Matrae*) sind eine in römischer Zeit latinisierte Form der keltischen Göttinnen-Trinität. Unter dem Einfluss römischer Steindenkmäler wurden den Matronen in ehemals keltischen Ländern Weihesteine und Altäre an besonderen, wassernahen Kultorten errichtet, auf denen sie als Dreiergruppen von (zumeist sitzenden bzw. thronenden) weiblichen Gottheiten dargestellt sind.
Die dabei in den Inschriften verwendeten keltischen Beinamen entsprachen zumeist auch den Namen von umliegenden „Stämmen" oder Siedlungen. Als Attribute hielten sie einschlägige Fruchtbarkeitssymbole wie Obst, Getreide, Blumen und Gefäße, in verschiedenen Fällen auch „Wickelkinder" in Händen. Bezeichnungen und Symbolik weisen sie jeweils als Fruchtbarkeits-, Mutter- und Schutzgöttinnen, als romanisierte regionale Varianten der keltischen → Bethen-Trinität aus.

NOREIA
Landesmutter und keltische Isis

Noreia hieß eine hohe keltische Göttin, offensichtlich „Landesmutter" Norikums, die in der Zeit der römischen Besatzung mit der romanisierten, ursprünglich ägyptischen, Heil- und Schutzgöttin Isis gleichgesetzt und als „Noreia-Isis" verehrt wurde. Über Griechenland war Isis einst ins Römische Reich eingeführt und zum universalen Sinnbild aller Muttergöttinnen geworden. In der Darstellung der *Isis lactans*, das Söhnchen Horus stillend, das auf ihrem Schoß sitzt, stellt Isis, die *Regina coeli* (Himmelskönigin), eindeutig auch die Verbindung zu den späteren Mariendarstellungen des Christentums dar.
Ihre Verbindung mit der keltischen Noreia wurde Isis in der Zeit der römischen Besatzung der Ostalpen nicht zuletzt dadurch erleichtert, als das Fest der Isis im römischen Reich rund um das höchste Fest der Kelten gefeiert wurde. So ergab sich auch eine zeitliche Verbindung zwischen dem Samhainfest der Kelten (1. Nov.) zu Ehren ihrer eigenen Großen Muttergöttin und der importierten Muttergöttin Isis, der in

Rom die Tage zwischen 29. Oktober und 2. November geweiht waren.

Steinerne bzw. in Stein gemeißelte „Zeugnisse" zu Noreia bzw. Noreia-Isis gibt es naheliegenderweise erst aus römischer Zeit. Die entsprechenden Fundorte reichen im Umkreis der Ostalpen von Niederbayern bis Ungarn und von Salzburg bis Slowenien. Wobei gerade in Kärnten und der Südsteiermark gehäuft Funde gemacht werden konnten. Das Verbreitungsgebiet der Noreia dürfte sich tatsächlich in weiten Teilen mit dem keltischen Norikum gedeckt haben.

Im niederbayerischen Weihmörting bei Neuhaus am Inn im Landkreis Passau fand sich z. B. eine Votivschrift an „Noreiae sacrum", die noch ohne Isis-Anfügung auskommt. Eine Erwähnung von Isis im Zusammenhang mit Noreia erfolgte u. a. am Kärntner Ulrichsberg und am Frauenberg über Leibnitz in der Südsteiermark. Auf dem Inselberg von Hohenstein über Liebenfels im Bezirk St. Veit an der Glan befand sich einst ein Heiligtum für die erhabene Göttin Noreia. Bis auf ein Exemplar für „Isidi Noreiae", tragen die von dort stammenden Altäre und Tafeln nur den Namen der keltischen Muttergöttin Noreia. Im slowenischen Celje, dem antiken Celeia, tritt Noreia im Verband mit anderen Gottheiten auf – z. B. mit dem mit → Jovenat bzw. → Belenus „verwandten" Jupiter „I(ovi) O(ptimo) M(aximo)" und mit CEL(eiae) (→ Keleia), der keltischen Schutzgöttin der Stadt und ihrer Bewohner, aber auch mit Mars und Herkules, die dort nach der römischen Besetzung an die Stellen keltischer Heroen wie → Dagda und → Ogmios getreten sind.

Keltische Landesmutter verband sich mit importierter ägyptischer Heil- und Schutzgottheit: Statue der Noreia-Isis mit Füllhorn, gefunden in Virunum. Landesmuseum Kärnten.

RAETIA
Mütterliches Einigungsband und Separatistenvorwand

Die keltische Göttin Raetia war ursprünglich ein einigendes Band für den westlichen Teil der Ostalpen, deren Bevölkerung sich vom Bodensee bis in die Po-Ebene auf Mutter Raetia bezog. Die letzten zweitausend Jahre geriet die Große Göttin jedoch immer wieder auch zum Vorwand politischer Projekte und Winkelzüge. Schon die Römer nutzten nach der schrittweisen Eroberung der keltischen Gebiete Raetia als populäres Mittel zum Zweck. Während ihr Einflussbereich südlich des Alpenhauptkammes in die Provinz Gallia cisalpina integriert wurde, von der aus Caesar seinen mörderischen Gallischen Krieg organisiert hatte, ließ Nachfolger Augustus den von seinen Stiefsöhnen Drusus und Tiberius eroberten „Rest" im Norden, also die Gebiete zwischen Bodensee und Inn, schließlich zur gleichnamigen Provinz Raetia zusammenfassen.

Und noch im Zwanzigsten Jahrhundert gab es im Westen Österreichs, im Osten der Schweiz, im Süden Deutschlands und im Norden Italiens eifrige „Wissenschaftler", die sich auf Raetia und ihre Räter beriefen, um die abenteuerliche These zu propagieren, in ihren Bundesländern, Kantonen oder Regionen hätten im letzten „vorchristlichen" Jahrtausend niemals waschechte Kelten gelebt. Ja manche gingen sogar (in einer Art „Dänikenscher Erweiterung") so weit, zu behaupten, dass die Menschen der Eisenzeit dort nicht einmal europäischer Herkunft gewesen seien.

Doch wenn solche Altertumskundler dann das damalige Verbreitungs-gebiet der angeblich unkeltischen, zum Großteil als „Räter" zusammen-gefassten, „Exoten" beschrieben, dann fiel dem versierten Beobachter bei näherem Hinsehen der politische (separatistische) Hintergrund der Geschichte auf: Das eigenwillige Territorium der „Außerirdischen" – Pardon! „Außer-europäischen" oder zumindest „Außerkeltischen" – deckte sich verblüffend genau mit den Gründungsregionen und Pro-vinzen der „ARGE ALP", der 1972 in Mösern in Tirol aus der Taufe geho-benen „Arbeits-Gemeinschaft Alpenländer". (Gründungsmitglieder: Bayern, Graubünden, Lombardei, Salzburg, St. Gallen, Südtirol, Tirol und Vorarlberg.)

Um die „Sonderstellung" dieser Länder, die damals politisch sozusagen „Los von Wien, von Bern, von Bonn, von Rom" (Los von den „linkslasti-gen" Zentren) kommen wollten, griff man in bewährter (keltischer!?) Älpler-Schläue (und mit „wissenschaftlicher" Hilfe und Inbrunst) auch in die obligate Kiste historischer Kronzeugenschaft für den eigenen Separatismus. Hokus, Pokus – Raetia sei Dank! – wurden aus dem Alpenzylinder bzw. dem Filzhut statt weißer Kaninchen justament „Die Räte/I Reti" gezogen. – Wer, glauben Sie, hat die gleichnamige Wander-ausstellung gesponsert? Ein Tipp: „Ist nicht schwer!" („Pecunia non olet!")

SALIGE
Beschmutzte Heilige Mütter-Trinität der ostalpinen Kelten

Salige Frauen oder „Fräulein" werden heute nur noch als „typische" Sagengestalten der Ostalpen registriert. In Wirklichkeit sind die „Sali-

gen" – die Grimms bezeugen das indirekt – eine in die ideologisch längst „ungefährliche" Welt der Sagen abgedrängte Form der alten keltischen Göttinnen-Trinität. Der Schlüssel zur ehrwürdigen Vergangenheit der „Saligen" liegt tatsächlich im vorgeblich unscheinbaren „althochdeutschen" Begriff *salig* selbst, dessen Wurzel z. B. auch in Salz, Salbe und Salbei steckt!

Manche mögen bei dem Begriff *salo* an das faschistische Marionetten-Spiel eines letzten Duce-Staates von Hitlers Gnaden am Garda-See denken, das Pasolini so drastisch in seinem Film *Salò oder die 120 Tage von Sodom* dargestellt hat – der Wortstamm sal (althochdeutsch *salo*) kommt jedenfalls nicht von einem „indogermanischen" Eigenschaftswort mit der Bedeutung „schmutziggrau", wie es namhafte deutsche Etymologen behaupten, sondern von einem indoeuropäischen Begriff für heil, gesund, unverletzt, unzerstört (lat. *salus*, kelt. *salanos*)! Salig bedeutet heilig im Sinne von heilend, gesund machend, in Einklang (mit der Natur, den Mitmenschen, sich selbst) bringend.

Davon sprechen im Grunde auch die alten Mythen. Je älter die einschlägigen Sagen, umso deutlicher sind darin die Parallelen der Saligen Frauen mit dem mythologischen Original, mit der leuchtend hellen keltischen Muttergöttinnen-Trinität und mit ihren fruchtbringenden, schützenden und heilenden Aspekten, zu erkennen. Bei aller Beschmutzung und Verteufelung im Verlauf der Christianisierung ließen sich die wesentlichen Züge der keltischen Bethen selbst mit aller Gewalt nicht wirklich umbringen. – Doch wer liest heute noch heimische Sagen, oder kann sie gar „entschlüsseln"? Mehr Informationen dazu finden Sie in meinem Buch *Druiden – Wilde Frauen – Anderswelt-fürsten* oder auch im Internet unter *www.diekelten.at*!

SILVANAE
Dreifache keltische „Schwester" der Diana

Vor den dichten Wäldern in den Ostalpen und nördlich davon hatten sie mächtig „Schiss", die sonst so tapferen römischen Besatzer. An jeder Wegkreuzung, ja hinter jedem Baum konnte bei aller „friedlichen Besetzung" ein feindseliger Kelte lauern, der sich in diesen unheimlichen Wäldern frecherweise ganz zuhause fühlte und vielleicht unbeschwert wie Obelix Wildschweine jagte. Da hieß es aufpassen und die Götter um Hilfe anzuflehen. Wo aber ihr eigener prähistorischer Waldgott Silvanus fern war, da – so meinten die Römer – war es sicher angebracht, sich zur Vorsicht auch der ortsansässigen, der keltischen Waldgottheiten zu versichern.

Nach dieser „Logik" wurde eine Art keltisches Pendant der römischen Diana zur Dreifaltigkeit der Silvanae, die nicht nur zu Begleiterinnen des ehemals etruskischen Silvanus adaptiert wurden, sondern auch zu

einer Variante der Triviae, wie die Römer eine keltische Schutzgöttin-Trinität der Wege bzw. Kreuzungen in der ihnen unheimlichen „Wildnis" nannten. Ein Weiherelief aus der römischen Besatzungszeit für diese Silvanae oder Triviae findet sich z. B. heute im Museum Carnuntinum in Bad Deutsch Altenburg und eines im Kunsthistorischen Museum Wien.

SIRONA
Aus dem Dunkel leuchtende Heilerin und Beschützerin

Auch Sirona (*Dirona*) gehört zu den weit verbreiteten keltischen Göttinnen. Zwar soll ihr Name etwas mit Sternen(en) des Nachthimmels zu tun haben, doch ihre starke Wasser-Komponente lässt eher auf den Mond schließen. Inschriften aus römischer Zeit mit ihrem Namen fanden sich von Bordeaux bis Rumänien und von den Vogesen bis nach Rom. Für die Ostalpen sind vor allem jene von Augsburg, Baumburg nahe dem Chiemsee, Wien und Carnuntum von besonderem Interesse. Die dabei übliche Verbindung mit → Grannus, ihrem vermutlichen Heros, der von den Römern mit Apollon bzw. Asklepios (*Aeskulap*) gleichgesetzt wurde, weisen auf einen starken Heilerin-Aspekt hin.

Die → Bethen als „Maßstab" zugrundegelegt, ist Sirona am ehesten mit → Borbeth zu vergleichen. Insgesamt zeugen Sironas Attribute jedoch von der ganzen Palette der keltischen Frauen-Trinität. Die Schlange an ihrer Seite ist z.B. das Symbol der Begleiterin der Urmutter schlechthin. Trauben und Kornähren betonen den Aspekt der Fruchtbarkeit. Die Nähe zum Wasser und zu den Quellen verbindet schließlich Fruchtbarkeit und Heilkraft mit Inspiration und Weisheit und betont insbesondere den zyklischen Kreislauf des ewigen Lebens.

UINDA
Eine Muttergöttin der Vindeliker

Die der Rindergöttin → Bovinda, der weißen Kuh mit den neolithischen Wurzeln, nahe verwandte Uinda, war u. a. eine Art „Stammesgöttin" der keltischen Vindeliker, die sich offensichtlich auf zwei Mutter-Göttinnen beriefen: eben auf Uinda (lat. *Vinda*) und auf → Lika. Lika war auch die Göttin des Flusses Lech, und Uinda auch Patronin jenes Flusses, der heute Wertach heißt und in Augsburg (lat. *Augusta Vindelicorum*) mit dem Lech zusammenfließt.

So ein Zusammenfluss war in keltischer Zeit ein Heiliger Ort, und im heutigen Augsburg bestand damals wahrscheinlich ein zentrales Heiligtum für Uinda – und für Lika. Und wie das Zusammentreffen der Flüsse, haben sich, im Zeichen römischer Bedrohung, einst die von Uinda beschützten Uferbewohner der Wertach (Vindelier?) und die keltischen Likatier vom Lech zu den Vindelikern zusammen getan. Von diesem Schauplatz weit stromab – hunderte Meilen nachdem

sich die Wasser von Wertach und Lech in die Donau ergossen haben – lag einst am und dann unter dem historischen Kahlenberg (Berg der Rindergöttin) das keltische Oppidum Uindobona (lat. *Vindobona*), das heutige Wien, das mit → Bovinda oder mit Uinda, oder mit beiden, verbunden ist.

Die Verbindung mit Apollo Grannus verweist auf einen starken Heilerin-Aspekt: Votivinschrift für Sirona und Apollo Grannus auf einem 1944 zerstörten Altar, der in Stift Baumburg (Bayern) gefunden wurde.

WILBETH
Keltische Licht-, Weisheits- und Schicksalsgöttin der Spätantike

Wilbeth (auch *Bilbet, Svilbett, Vilbeth, Firbet, Fürbeth, Bilmes*) stand in der keltischen → Bethen-Trinität für den Aspekt des Lichtes, der Weisheit, der Inspiration und Hellsichtigkeit. Die Silbe *will* (*bil*) bezeichnete im Keltischen diese Eigenschaften bzw. zugehörigen Symbole. Dazu gehört z. B. das im englischen *Wheel* tradierte Rad – als Sonnenrad (auch als Mondscheibe interpretiert) – ebenso, wie der Wortstamm der keltischen „Seher", der Veles oder Fili.

Das Rad bekam nach der Erfindung des Spinnrades auch die Bedeutung, das Spinnen der Schicksalsfäden zu symbolisieren. Das der Wilbeth zugeordnete Rad war insbesondere Sinnbild für den zyklischen Kreislauf des Lebens, vom Lauf der Welt bis hin zum Lauf des Lebens des einzelnen Individuums. Mit zwölf Speichen wurde auf die Monate des Jahres angespielt. Mit nur vier Speichen – die für ein taugliches Wagenrad zuwenig wären – stellte das Rad die vier Jahreszeiten heraus und mit diesen die Gewalt über Klima und Wetter. Wenn daher z. B. der → Taranis aus Gerling bei Linz stolz ein Rad mit vier Speichen geschultert hat (siehe Buchcover), gibt uns sein Schöpfer relativ deutlich zu verstehen, dass der nackte Kerl hier als Fruchtbarkeits- und Wetter-Heros „seiner" Muttergöttin Wilbeth auftritt – auch wenn die Inschrift nach keltoromanischer Anpassungsart vom römischen Obergott Jupiter (*Iovi optimo maximo*) spricht!

Wilbeth, die Weiße und Weise, bereitete die Erde vor auf die Wiedergeburt des Lebens nach der Phase des Winters, für den die dunkle Wintermutter Borbeth mit ihrem Anderswelt-Bauch den Schutz übernommen hatte. Nach der Wiedergeburt des Lichts folgt nun im zyklischen Tages-, Jahres- und Lebenskreis mit Wilbeths Hilfe und Anleitung das frühlingshaft fruchtbare Neu-Erwachen des Lebens.

Spuren Wilbeths finden sich einerseits überall dort, wo die Bethen-Trinität nachzuweisen ist. Andererseits gibt es zahlreiche „eigenständige" Nachweise, so z. B. an jenen Stellen, an denen sich Berg-, Orts- und Flurnamen mit den Vorsilben Bel, Beil, Bil, Fel, Fil, Vel, Vil, Wel, Will, Wild usw. erhalten haben (Velden, Villach, Wilten, Wieting …) bis hin zu Endsilben mit -weil und -weiler, wenn sie nicht auf lat. *villa* zurückgehen. Doch sind Namen bzw. Benennungen eine relativ späte Erscheinung, die in den Ostalpen erst in der Zeit der Besetzung durch die Römer zum Thema wurde. In den Jahrhunderten zuvor wirkte die Scheu, das Göttliche durch konkrete Namen zu benennen und damit gewissermaßen „bannen" zu wollen. Unsere keltischen Ahnen hielten es vermutlich für lächerlich, den Schutz der Bethen zu erzwingen. Sie vertrauten darauf, ihn bei Bedarf wohlwollend zu erhalten.

Männliche Gottheiten

Potente Muttersöhnchen und glänzende Heroen

Neben den ursprünglich ausnahmslos weiblichen Göttinnen unserer keltischen Ahnen spielten Männer lediglich subalterne, vergängliche und von den Frauen abhängige Rollen in Mythos und Religion. So potent die Helden im Einzelnen gewesen sein mochten, sie waren allesamt keine „echten" Götter, sondern lediglich „vergängliche" Heroen ihrer allmächtigen Muttergöttinnen, in deren Auftrag sie bestimmte Aufgaben übernehmen durften – bis hin zum Status des Geliebten.

Diese frauendominante Rollenverteilung war an sich nicht genuin keltisch, sondern in (fast) allen vergleichbaren Kulturkreisen verbreitete „Ausgangslage" der religiösen Vorstellungen. Selbst der jüdische Vatergott Jehova hatte seine himmlische Laufbahn und mythologische Karriere einst als Heros der sumerischen Mond-, Mutter und Liebesgöttin Iahu (Erhabene Taube), Vorläuferin der von einem Heros namens Adiheba (Adam) begleiteten palästinensischen Erd-, Mutter- und Liebes-

Potenter männlicher Heros: der Riese von Cerne Abbas, Dorset.

göttin Jehwa (Eva) – die mit der obligaten Ur-Schlange – begonnen. Eigenartig war für die entwickelte Religion unserer keltischen Ahnen in diesem Zusammenhang allerdings die Beharrlichkeit, mit der an diesem Glaubensgrundsatz der Frauen-Dominanz bis in die Spätantike – ja im Grunde bis heute – festgehalten wurde.

Zwar gelang es zuletzt manchen keltischen Heroen, sich, dank „anpassungsfähiger" Glaubensbrüder, an römische Verhältnisse mit Götter-Männern heranzuschwindeln und sogar noch – ohne gröbere Gewissensbisse – mit römischen Göttern verglichen zu werden. Doch nicht alles was hinkt, ist ein tauglicher Vergleich. Wir „begnügen" uns daher bei der folgenden Auswahl an keltischen Heroen mit der jeweiligen „Originalausgabe". Die „gepanschten" mythologischen Zwitterwesen nach opportuner römischer bzw. kelto-romanischer Art finden Sie ohnehin anderswo zuhauf.

Unser keltisches Heroen-Angebot enthält konkret Beiträge zu *Abfalter, Bedaius, Belenus, Casuontanus, Cernunnos, Dagda, Esus, Genii cucullati, Grannus, Haymon, Jovenat, Juvarus, Latobius, Lug, Marmogius, Mogetius, Moltinus, Ogmios, Smertrius, Taranis, Teutates* und *Vocretanus*.

ABFALTER/APFALTER
Apfel-Heros der Bergmutter und Schöpfergöttin

Abfalter (auch *Apfalter*) war ein mythologischer und auch ein etymologischer Verwandter des griechisch-kleinasiatischen Licht-, Weisheits- und Heilergottes Apollon und im keltischen Europa in verschiedenen Variationen seines „Namens", der immer auf das Symbol des ewigen Lebens – den Apfel – zurückgeht, weit verbreitet. Abfalter war bei den Kelten ursprünglich eine Art Vorform des → Belenus, → Lug, → Dagda, die vermutlich bis ins Neolithikum zurückreicht und über die Bronzezeit bis zu den Kelten wesentliche Aufgaben der prähistorischen Schöpfergöttin zugeschrieben bekam, die ursprünglich unmittelbare Aufgaben von ihr selbst als „Bergmutter" gewesen sind. Durch die später auftretenden keltischen „Nachfolger" (Belenus usw.) wurde Abfalter als mythologische Figur in Sagen und Legenden abgedrängt. Doch hielt er sich des ungeachtet namentlich in zahlreichen Flur- und Bergnamen der Ostalpen.

In den Sagen tritt Abfalter als (gutmütiger bis einfältiger) Riese auf – ein Hinweis auf seine frühere große Macht. Doch wirkt er darin auch noch als (regional reduzierter aber urtümlicher) Schöpfer der Erdoberfläche, der Berge und Siedlungen – ganz so, wie das einst die Ur-Muttergöttin selbst getan hatte, deren Heros und Sohngeliebter er ursprünglich gewesen ist. Sie war der Baum und er der Apfel, und der Apfel war wiederum ein Symbol des ewigen Lebens – bis hin zu seinem fünfstrahligen Kerngehäuse.

Von Riesen und Zwergen

In der von christlichen Mönchen aufgezeichneten und christlich adaptierten Mythologie der insel-keltischen Urahnen war Abfalter als Afallach – unter offensichtlicher Umkehrung seiner ursprünglichen Rolle – vom Vorfahr des Belenus zum Nachkomme eines walisischen Königs Beli umgedeutet worden. Doch Ynys Afallach war der Name seiner Insel, die seit dem Artus-Mythos als Insel Avalon (ähnlich der Insel Emain Ablach) bekannt ist, die paradiesische prähistorische Insel der Apfelbäume des ewigen Lebens.

In Österreich erinnern an Abfalter neben den einschlägigen Sagen u. a. die bis heute gebräuchlichen Orts-, Flur-, Gewässer- und Berg-Namen wie Abfalter am Fuße des Salzburger Gaisberges (übrigens eine verbreitete Nachbarschaft zwischen Heros und Tabuberg, auf die wir hier leider nicht näher eingehen können), Abfalterer bei Judenburg in der Steiermark, der Abfalterersee, Abfaltern und Abfaltersbach bei Liezen in Osttirol, Abfaltersbach bei Gloggnitz in Niederösterreich, Abfaltersberg bei Laaben in Niederösterreich, der Berg Abfalter zwischen Lockenhaus und Liebing im Burgenland, Apfalter bei Gaflenz in Oberösterreich und Apfaltersbach bei St. Leonhard im Forst in Niederösterreich. Ja, fragen sie alte Ortskundige und Sie werden wahrscheinlich auch in Ihrer näheren Umgebung fündig!

Den Bayern noch einige Tipps zum eigenen Erbe: Abfalter bei Ainring, Abfalter bei Laufen und Abfalter bei Petting – alle drei gehörten früher übrigens zu Salzburg. Dann gibt es aber auch noch Affalterbach bei Pfaffenhofen an der Ilm im Norden von München und Affaltern nahe Biberbach bei Augsburg. Bei diesen beiden Orten liegt allerdings der Verdacht nahe, dass sie noch eher auf die „Chefin" des Abfalter, seine ehemalige Muttergöttin, hinweisen, die sich in und um Augsburg relativ unverblümt als aphroditeartige → Afra ins Christentum hinübergerettet hat.

Rechte Seite: Altar für Bedaius, den Heros der Alaunen-Schutzgöttin, im Museum von Seebruck. In der Römerzeit hieß der Chiemsee „Lacus Bedaius". Unten: Regionale Gottheit am Chiemsee: der Altar für Bedaius in der Pfarrkirche von Chieming.

BEDAIUS
Heros der Alaunen-Schutzgöttin an Alz und Chiemsee

Bedaius war offensichtlich eine regionale Gottheit am Chiemsee, die in der Römerzeit dem See als *Lacus Bedaius* ihren Namen gab. Ob auch dieser Name auf eine weibliche Form (Bedaia?), also eine echte (Bethen-) Göttin zurückgeht, ist zwar nicht wirklich auszuschließen, doch heute nicht mehr zu ermitteln. In Chieming und Seebruck am Chiemsee sowie im nahegelegenen Pittenhart wurden jedenfalls im Bereich der (über keltischen Kultplätzen errichteten) Pfarrkirchen Weihesteine aus römischer Zeit gefunden, die Widmungen an BEDAIO AVGVSTO, den erhabenen Bedaius, tragen.

Davon abgesehen, dass diese Steine in einer Zeit angefertigt wurden, in der die heimischen Kelten – zumindest die Männer – auch am Chiemsee soweit „romanisiert" waren,

78

BEDAIO·AVG
ET ALOVNVS
SACR
C·CATIVS
SECVNDIA
NVS·PNR
IMP·ANTONINI
II·ET·SACERDOTE·CO

dass sie sich von der Kleidung bis zur Religion an die Besatzungsmacht angepasst hatten, und dazu u. a. auch aus ihren, ursprünglich den Göttinnen untergeordneten, Heroen „erhabene" Götter machten, fällt bei den genannten Bedaios-Steinen etwas besonders auf: Die Widmung schließt „Alauni" (*Alovni*) ein – und das waren eigentlich keine Götter, sondern ein Sammelbegriff für die umwohnenden Menschen von Wasserburg am Inn bis in den Pinzgau.

Doch wenn wir bedenken, dass die keltischen „Stämme" sich nach ihren Göttinnen benannten, von denen sie sich ableiteten und nach denen sie die Flüsse nannten, in deren Umfeld sie siedelten, dann schließt sich der Kreis doch noch. Wenn sich nämlich die Alauni selbst Alauni genannt hatten, dann muss es dazu eine ähnlich benannte Mutter-Göttin gegeben haben, deren Heros in augustäischer Zeit zum erhabenen „Bedaius Augustus" geworden ist.

Nicht nur dass der Kerl ohnehin selbst die Bethen im Namen führt (oder sogar ein weiblicher Göttinnen-Name war), fließt auch das Wasser des *Lacus Bedaius* (Chiemsee) bei Seebruck, das den „römischen" Namen *Bedaium* für sich beansprucht, als Alz Richtung Inn. *Alto* war ein keltisches Wort für „erhaben", und erhaben war vor den Römern für die Alaunen sicher ihre Muttergöttin, die aller Wahrscheinlichkeit nach im Flussnamen Alz überlebt hat. Und auch der Name des Bedaios-Stein-Fundortes Pittenhart nahe Seeon stammt schließlich sicher nicht von einem Bruder des Bajuwarenfürsten Aribo II., der *Boto* oder *Buto* hieß. *Bit, beto* hieß im keltischen das Ewige, konkret die dreifache → Bethen-Göttin. Pittenhart ist – wie *Bedaium* oder *Bedaion* – schlicht ein alter Bethen-Ort, ein Ort der Bethen-Verehrung.

BELENUS
Berühmter Licht- und Heilerheros der Ostalpen

Belenus, der Helle, der Glänzende, der Starke, der (erhellte) Seher und Weise, der allwissende Heiler, war einst im gesamten keltischen Europa verbreitet, besonders aber im Bereich der Ostalpen. Sein hoher Stellenwert ist auch daran ablesbar, dass er der nominelle Schutzpatron des zweithöchsten gemeinsamen Jahreszeiten-Festes der Kelten war: Beltene, Beginn der keltischen Sommerzeit und orgiastisch gefeiert in der Nacht zum und am 1. Mai. Der Name des Festes enthält die gleiche Stammsilbe wie der des Heros selbst, die in Abwandlungen (z. B. *bel-*, *vel-*, *vil-*, *wel-*, *wil-*) Grundbestandteil zigtausender europäischer Orts- und Flurnamen ist (vgl. z. B. die österreichischen Orte Velden, Vellach/Bela, Villach, Wildon, Wilten usw.) und schließlich auch vom jugendlichen Licht- und Weisheitsaspekt der keltischen Bethen-Trinität, der Göttin → Wilbeth, getragen wird.

Belenus gilt allgemein als wichtigster Kelten-Heros der Ostalpen. Von

„Kirchenvater" Tertullian (ca. 150– ca. 230) wurde er gar als „Hauptgott der Noriker" bezeichnet. Unser Belenus kann bis heute namentlich insbesondere im norditalienischen Friaul – besonders stark um Aquileia und Grado – und im südösterreichischen Kärnten nachgewiesen werden. In der ehemaligen Metropole Aquileia ist bis heute der Vorort Beligna nach ihm benannt. Und in der nahen Lagune von Grado befand sich, auf der heute durch eine Marien-Wallfahrtsstätte bekannten – vermutlich auf → Borbeth zurückgehenden – Insel Barbana, bis ins Frühmittelalter ein zentrales Belenus-Heiligtum, das erst im Jahr 582 durch die angebliche „Neu-Gründung" eines katholischen Klosters mit angeschlossener Marien-Wallfahrt rituell „besetzt" wurde. (Seit 1237 findet jährlich, um den 1. Juli, die berühmte Boot-Prozession *Il Perdòn* von Grado nach Barbana statt.)

Nördlich des Alpenhauptkammes – vor allem in Norikum bis zur Donau – war die Verehrung des juvenilen

Licht- und Heilerheros der Ostalpen, Schutzpatron des keltischen Jahreszeiten-Festes Beltene: Weiheinschrift für Belenus aus Aquileia. Kunsthistorisches Museum Wien.

Heiler- und Jungbrunnen-Heros Belenus, der wahrscheinlich mindestens auf die Bronzezeit (ca. 2.500 v. bis ca. 1.300 v.) zurückgeht, mit regional verbreiteten Namen bzw. Titeln wie Jaun, → Jovenat und → Juvarus verbunden. Letzterer, der namentlich sowohl für den Unterlauf der Salzach verwendet wurde als auch im keltischen Namen für Salzburg, Juvavum, enthalten ist, belegt umgekehrt die Bedeutung des Heros für die heutige „Mozart-Stadt", deren altes Kloster St. Peter ursprünglich ebenfalls im „Belenus-Überwindungs-Jahr" 582 gegründet worden sein soll.

Dass Juvavum/Salzburg ein Jungbrunnen- und Verjüngungs-Kultort, ein Heil-Zentrum im Sinne keltischer Weltanschauung war – und der nördliche Punkt einer Belenus-Kultachse Aquileia-Juvavum –, geht auch indirekt aus archäologischen Ergebnissen hervor, z. B. aus dem im alten Bader-Viertel zwischen Kaigasse und Salzach (*Juvarus*) ergrabenen großen Tempel für Athena-Hygieia und Asklepius, dem spätrömischen Pendant des keltischen Heiler-Heros Belenus.

81

Heilende Reinigung war auch ein zentraler Aspekt des Festes zu Beltene. Die Übersetzung des Namens, „Feuer des Bel", weist darauf hin, dass
zu dieser Reinigung insbesondere das Element der Veränderung, das
erhellende Feuer, im Mittelpunkt stand. In der Nacht zuvor, der späteren Walpurgisnacht, ließen unsere Vorfahren zu Ehren des Belenus
brennende Räder über die Berghänge rollen, und am nächsten Tag wurden die Herden zur Reinigung vor etwaigen Krankheiten zwischen zwei
großen Feuern hindurchgetrieben. Zum Ritual gehörte es schließlich
auch, den Kopf jenes weißen Pferdes zu verbrennen, das ein halbes Jahr
zuvor, zu Samhain (1. November), in einem Orakel-Ritual als Mitwisser
der Göttin eingesetzt, geopfert und gemeinsam verzehrt worden war.
Schließlich war am Festtag des Belenus auch Großer Versammlungstag,
der nach der „Christianisierung" recht ungeniert im „Taiding nach
Georgi" weiterlebte, in der Versammlung zwischen dem Fest des mythologischen Belenus-Nachfolgers → Georg (23./24. April) und dem alten
Belenus-Tag 1. Mai. – Und selbst die scheinbare zeitliche Differenz zwischen Georg und Beltene ist eigentlich gar keine, weil sie nur den
Unschärfen des von Caesar eingeführten Julianischen Kalenders entspricht, dessen für das Römische Reich verbindliche Jahresberechnun-
gen um jeweils rund 10 Minuten zu lang waren.
Diese Differenz zwischen „amtlichem" Kalender und Wirklichkeit hatte bis zur Etablierung des heiligen Georg in unseren Breiten (13. Jh.)
dazu geführt, dass zwischen sonniger Wirklichkeit und offiziellem
Kalender bereits eine Woche Unterschied bestand, den Papst Gregor
später kraft seines Amtes – zur besseren Festlegung des ohnehin kom-
plizierten Oster-Termins (erster Sonntag nach dem ersten Vollmond
nach dem astronomischen Frühlingsbeginn) – dadurch ausglich, dass
er die bis dahin bereits auf zehn Tage angewachsene „Überzeit" im Jahr
1582 einfach ausfallen und die bislang zu ungenauen „Schaltjahr-
regeln" verfeinern ließ. Da gehörte der Belenus in den Ostalpen schon
zum alten Eisen. Und selbst sein Nachfolger Schurl mit der Blechhaubn
hatte bereits wahrscheinlich an manchen Stellen Rost angesetzt.

CASUONTANUS
Heros der Landesgöttin

Casuontanus oder Casuonanus begegnet uns regional sehr begrenzt im
Bereich zwischen Klagenfurt und St. Veit an der Glan als fallweiser
Heros der keltischen „Landesmutter" Noreia bzw. Noreia-Isis. Seine
inschriftliche Präsenz dürfte für den, nicht gerade für seine keltische
Seite bekannten, Ulrichsberg in Kärnten belegt sein, auf dem sich einst
eine überregional bedeutsame keltische Kultstätte für Noreia-Isis
befand. Dort wurde in der Zeit des Austro-Faschismus (1934–1938)
eine keltoromanische Votivinschrift ausgegraben, die namentlich

einem „CASVONANO" geweiht ist. Sie befindet sich in Privatbesitz und ist angeblich im Schloss Karlsberg bei Liebenfels an der Glan deponiert, wo sich auf Hohenstein ebenfalls ein Kultplatz der Noreia befand. (Ob das der rechte Platz ist, sei dahingestellt.)

Casuon(t)anus dürfte jedenfalls ein regionaler Vegetations- und Fruchtbarkeits-Heros gewesen sein, der mit seiner Wein-Komponente in dieser Gegend erst dann wirklich Sinn machte, wenn dort in keltischer und römischer Zeit Wein angebaut wurde. Anderseits erhebt sich beim alten Bergnamen *mons carantanus* die Frage, ob der Heros von da oben nicht ein mythologischer „Stammvater" der Karantanen (der „guten Freunde") war, zu deren Nachfahren sich sowohl die Kärntner als auch die Slowenen zählen. Und auch der spätere Name Ulrichsberg wirft Fragen auf: Wer oder was führte gerade den Augsburger Bischof Ulrich auf den heiligen Berg der Karantanen, der heutzutage von Abwehrkämpfern und ähnlichen Kameraden und am „Dreinagelfreitag", dem zweiten Freitag nach Ostern, anlässlich des „Vierbergelaufs" überrannt wird?!

CERNUNNOS
Herr der Tiere und der keltischen Anderswelt

Cernunnos, der „Gehörnte", war der klassische Heros der Muttergöttin als eigentliche „Herrin" der Tiere, Wintermutter und Schöpfergöttin. Ihm oblag in ihrem Auftrag die „Oberaufsicht" über die keltische Anderswelt, den fruchtbaren, schützenden und heilenden Bauch von Mutter Erde, aus dem aller Reichtum der Natur entspross. Sein Rangabzeichen war das Gehörn, das dem des kraftvollen Widders glich oder dem des mächtigen Hirsches. Wobei das Hirschattribut noch weiter zurückreicht als die Hörner des (bereits domestizierten) Schafbocks. Cernunnos Begleittier, eine gehörnte Schlange, ist das Sinnbild der Ur-Muttergöttin selbst. In allen Fällen ist das Gehörn eine Art Vorform einer Krone, mit denen solche Schlangen in den späteren Sagen als Symbol der Muttergöttin zu entschlüsseln sind.

Cernunnos, der „Gehörnte", wacht über die Ressourcen von Mutter Erde. In der rechten Hand hält er einen Torques, in der linken sein Begleittier, die gehörnte Schlange, Sinnbild der Ur-Muttergöttin. Darstellung auf dem 1891 gefundenen Kessel von Gundestrup.

Einerseits ist Cernunnos vergleichbar mit klassischen antiken Göttern der Unterwelt und des Reichtums wie Plutos und Hades. Andererseits geht es beim Kelten-Heros Cernunnos und seinem Reichtum nicht – wie bei den Griechen und Römern der Antike – um Gold und Geld, sondern um die natürlichen Ressourcen von Mutter Erde. Und es geht auch nicht darum, darauf kleben zu bleiben.

Während in der griechischen und römischen Unterwelt deren Fürsten ihr Reich kaum mehr verlassen, ist der Herr der keltischen Anderswelt – wie sichtlich auch Schlange oder Hirsch – in den ewigen zyklischen Kreislauf des Lebens und der Natur unmittelbar eingebunden. Jährlich zum Frühlingsbeginn wird Cernunnos von seiner Muttergöttin, die ihn seit der „Nacht der Mütter" (24./25. Dezember) bzw. Wintersonnenwende gesucht hat, per „Heiliger Hochzeit" (feierlicher ritueller Koitus) in seine „Sommergestalt" → Esus verwandelt. Und pünktlich zum keltischen Jahreswechsel (1. November – Samhain) folgt die Rückverwandlung in die Wintergestalt Cernunnos, um dort neuerlich seinen Pflichten als Herr des (sich in der Erde erneuernden) Wachstums (ker = „wachsen") nachzukommen.

Nächsten Frühlingsbeginn kommt abermals die Wiedervereinigung mit der fruchtbaren göttlichen Mutter. Und die Menschen tun es dem Paar mit seiner „Heiligen Hochzeit" gleich: Der Keltenfürst (Kleinkönig, Häuptling) vereinigt sich rituell mit der obersten Priesterin, die dabei die Göttin vertritt und mit diesem Akt die (befristete) Amtsbefugnis, die Souveränität, erteilt. Im Einklang mit der mythologischen Symbolik wird zur ausgelassenen Feier ein stattlicher (Rot-) Hirsch (*Cervus cervus*) geopfert und verspeist, der mit Cernunnos mehr als das zyklisch (nach-) wachsende Geweih und die Kraft gemeinsam hat.

Der Hirsch war sowohl das Symboltier des Cernunnos, als auch beliebte Opfergabe für den keltischen Heros. Ein besonders schönes Exemplar dieses Symbols vorchristlicher Auferstehungsmythen wurde einst zufällig am Biberg bei Saalfelden entdeckt, ehemals ein wichtiges Kultzentrum der keltischen Ambisonten: Die kleine Figur eines sich erhebenden Hirsches ist im Salzburger Museum als keltisches Kulturgut für die Zukunft geschützt. Der Heilige Berg bei Saalfelden ist aus „Geschäftsgründen" leider zum Verschwinden verurteilt. Er wird täglich ein Stück mehr abgetragen, weil sich daraus seit Jahrzehnten profitabel Pflastersteine aus widerstandsfähigem Diabas brechen lassen.

Nun wollen Sie auch noch wissen, wo bei Cernunnos der Pferdefuß ist? Den gibt es nicht! Doch gibt es einen Schaf-Bock-Fuß, den Cernunnos, der mit seiner Antithese Esus dialektisch verbundene Fürst der paradiesischen keltischen Anderswelt, erhielt, als ihn das Christentum herabwürdigte zum äußerlich ähnlich dargestellten gehörnten Teufel, dem mit seiner Antithese Jesus dualistisch verbundenen Fürsten der höllischen christlichen Unterwelt. Da haben unsere keltischen Ahnen wohl Augen gemacht, größer noch als die für Esus typischen.

DAGDA
Der Ur-Heros mit der Lebenskeule

In Dagda begegnet uns noch eine relativ frühe und undifferenzierte Heros-Gestalt. So
sehr er in den irischen Sagen und Mythen
präsent ist, so wenig ließe er sich in den Ostalpen anhand schriftlicher Quellen nach-
weisen. Wir müssen daher in seinem Falle
etwas ausholen. Einerseits hilft uns dabei
die (vor-) keltische Muttergöttin → Danu, die
nicht nur unter anderem der Donau, dem
Don oder Dänemark ihren Namen verlieh,
sondern auch ihrem Heros und Sohngeliebten Dagda seine Attribute und Eigenschaften aushändigte.

Der frühe Keltenheros Dagda war mit Mut-
terns Hilfe im Besitz des sagenhaften Kessels
der Inspiration, der Fülle, des Überflusses
und des ewigen Lebens bzw. der Wiedergeburt. Dahinter steckt eine leicht entschlüs-
selbare Metapher für den Schoß der Urmutter selbst. Und auch Dag-
das zweites wesentliches Kennzeichen, seine (durchaus auch phallisch
zu deutende) Keule, die ihn zum „Herrn über Leben und Tod" machte,
war ein Geschenk seiner Muttergöttin, die ihm damit bestimmte Aufgaben und Fertigkeiten übertrug.

Dagda, der Herr der Fülle und der Frucht-barkeit, wandelte sich zum „Wilden Mann" vor dem Salzburger Festspielhaus. Brunnen-figur von Johann Reitter Maler, 1621. Foto: Archiv der Stadt Salzburg.

Die Übersetzung des Titels Dagda mit „Guter Gott" trifft nicht recht
den Kern der Sache. Erstens war er ursprünglich kein selbstständiger
Gott, sondern eine Art Urbild des Heros einer Großen Muttergöttin,
der er mit allen seinen Künsten buchstäblich unterstand. Und zweitens
bezog sich das „gut" nicht so sehr auf „Güte", sondern darauf, gut (qua-
lifiziert) zu sein in verschiedenen – eigentlich in allen – Disziplinen.
Dagda war also sozusagen Herr aller Künste, allen Wissens, Herr der
Fülle, der Fruchtbarkeit und eben auch über Leben und Tod.

Dieser Tausendsassa hatte es jedenfalls den Männern besonders ange-
tan und es ihm offensichtlich gestattet, sich als heimliche Identifikati-
onsfigur und Projektionsfläche über die äußerliche „Christianisierung" bis in die Neuzeit zu retten. Wir reden dabei gar nicht von Zeugen wie der riesengroßen Figur des nackten Giganten von Cerne Abbas
(Dorset/Südengland) im Wiesenhang über der ehemaligen Abtei. (Bild:
Seite 75) Und wir brauchen hier auch nicht seine Anwesenheit als so
genannter *Jack in the Green* auf ostenglischen Kirchenwänden in unmittelbarer Nachbarschaft der ihren Kessel der Fülle (Vulva) zeigenden
nackten Sheela na Gig als Zeugnis. Im Ostalpenraum treffen wir ihn –
als „Wilder Mann" tituliert und ungestalt, mit kurzem Blätterrock und

riesiger Keule dargestellt – noch an vielen Orten auf Brunnen oder Gasthauswänden als hintersinnig gewählten Wappenhalter und Schutzpatron von Städten und ihren Bürgern.

Diese hatten zur Zeit der Renaissance offensichtlich nicht nur Selbstbewusstsein gegenüber den Feudalherren, sondern, neben einem Maß an humanistischer Bildung und Kenntnis der griechisch-römischen Antike, auch noch Interesse an den Wurzeln und Inhalten jener eigenen Mythen und Symbole, die sicher noch immer mündlich tradiert worden waren und auf ihre/unsere keltischen Vorfahren zurückgingen – manche unserer riesenhaften Sagengestalten sind so dem Dagda noch heute „wie aus dem Gesicht geschnitten".

So spielerisch romantisch der Umgang der selbstbewussten Stadtbürger der frühen Neuzeit bei aller Selbstironie gewesen sein mochte: Der „Wilde Mann" mit seinem kurzen Blätter-Röckchen und der mächtigen ambivalenten Keule – hinter dem ohne Zweifel der mächtige Dagda steckt – war eine erfrischende Ergänzung zur damals gerade bei reichen Feudalherren und Kunstmäzenen ausufernden Verklärung der griechisch-römischen Antike und ihrer glorifizierten „Helden".

ESUS
Vom Keltenheros zum phonetischen Link der Christianisierung

Keltenheros Esus eignete sich offenbar über die Jahrtausende besonders gut, männliche Fantasien zu beflügeln und ihnen geeignete Projektionsflächen darzubieten. Esus, „Herr und Meister" (sofern das E kurz ausgesprochen wurde) oder gar „Gott" (bei langem E) war vermutlich „nur" eine Bezeichnung für Mensch oder (noch schöner) für Geliebter. Esus war dialektisch mit seiner „Wintergestalt" → Cernunnos untrennbar verbunden, und nur zusammengenommen ergaben sie den, nach dem Jahreslauf von der Dreifachen Muttergöttin zyklisch veränderten, Heros und Sohngeliebte derselben.

Wie der gehörnte Cernunnos, der Herr der keltischen Anderswelt, den Hirsch oder Schafbock als Symbol beigefügt hatte, so der menschengestaltige Sommerheros Esus mit den großen Seher-Augen den Eber, das männliche Wildschwein. Die Wiedergeburt des Esus, die jährliche Verwandlung von der Winter- in die Sommergestalt, erfolgte in einer „Heiligen Hochzeit" (rituellem Koitus), zu deren Nachahmung ursprünglich jeder Keltenhäuptling gezwungen oder angehalten war, der damit von der Stellvertreterin der Göttin, der höchsten Priesterin, Herrschaft und Souveränität neu verliehen bekommen musste.

Schauplätze solcher rituell nachgestellten „Heiligen Hochzeiten" sind heute natürlich nicht durch Informationstafeln gekennzeichnet. Und auch die Römer bzw. die romanisierten Kelten des Ostalpenraums hatten keine Veranlassung, nachdem die keltische Souveränität „futsch" war, große Gedenksteine meißeln und als Denkmäler der historischen Veränderung aufstellen zu lassen. Damit war aber andererseits dem Zerfall der Einheit von Esus und Cernunnos – und der zunehmenden Fehlinterpretation ihrer Funktion – Tür und Tor geöffnet.

Cernunnos stand als Andersweltfürst zwar noch mit den ihm anvertrauten Seelen der Verstorbenen in Verbindung – auch wenn sich das Christentum (erfolgreich) abmühte, aus ihm den zur Angstmache eingeführten Teufel und aus der paradiesischen Anderswelt die schreckliche Hölle zu machen. Doch die Umwandlung von Esus in Jesus konnte natürlich so einfach nicht vollzogen werden. Wir können aber mit Sicherheit davon ausgehen, dass an den Stellen, an denen Cernunnos nachzuweisen ist, logischerweise gleichzeitig Esus verehrt wurde. Und was die Schauplätze des keltischen Rituals der „Heiligen Hochzeit" betrifft, sind die Sagen der Ostalpen voll mit relativ leicht zu entschlüsselnden Ortshinweisen, alten Kult- und Versammlungsplätzen, die von unseren keltischen Ahnen insbesondere zu Imbolc, dem keltischen Frühlingsbeginn am 1. Februar, aufgesucht wurden. Im Übrigen eignete sich der „Herr" oder „Gott" als „menschlicher" Heros der vorchristlichen Muttergöttin auch phonetisch prächtig, unseren keltischen Vorfahren den christlichen Jesus ungewollt nahe zu bringen.

GENII CUCULLATI
Uniformierte Anderswelt-Truppe der Bergmutter

Vom Hadrianswall in Nordengland bis weit hinein nach Kleinasien hat die Archäologie so genannte „Cucullati" entdeckt, benannt nach ihrer auffälligen Bekleidung, einer Art Kapuzenmantel (Cape oder „Wetterfleck"). Ein besonders schönes Exemplar, das einst beim prähistorischen Salzbergwerk auf dem Dürrnberg über Hallein gefunden wurde, befindet sich heute im Schlossmuseum in Linz.

Das Bergwerk ist tatsächlich ein wichtiger Schlüssel bei der Dechiffrierung der sonderbar gekleideten Gestalten. Einerseits gehörten solche praktischen Kapuzenmäntel zur „Berufsbeklei-

Glücksbringende Beschützer und Symbol für die Auferstehung: Sitzstatuette eines Genius Cucullatus, gefunden im prähistorischen Salzbergwerk auf dem Dürrnberg. Schlossmusuem Linz, Oberösterreichische Landesmuseen.

87

dung" der Bergleute, die damit ins Bergwerk, in den Bauch von Mutter Erde, einfuhren. Andererseits gingen die Kelten davon aus, dass ihre Bergmutter selbst das modische Vorbild dafür gewesen sei.

Caille(a)ch, die aus der irischen und schottischen Mythologie bekannte Bezeichnung der keltischen Berg- und Wintermutter, heißt auf Deutsch „die Verschleierte" bzw. „die mit der Kapuze". Mit den uniformähnlichen bergtauglichen Kapuzenmänteln wurde nicht nur Zusammengehörigkeit und Verbindung zum Berg bzw. dem „Bauch" des Berges dargestellt. Das Bekleidungsstück hatte auch eine eindeutige mythologische Bedeutung. Wie es noch die Maler der Barockzeit verstanden, auftretende Figuren mittels Schleier als Seelen Verstorbener zu kennzeichnen, so taten das die Kelten für ihre Seelen in der Anderswelt mit Kapuzenmänteln, die sich bis heute in verdrehter Form in Geisterdarstellungen und Heinzelmännchen wiederfinden – ja auf diesem Weg sogar in den weit verbreiteten Gartenzwergen.

Die in römischer Zeit mit dem lateinischen Zusatz *genius* (Schutzgeist) ausgezeichneten Cucullati waren im Denken unserer keltischen Ahnen einerseits die Seelen ihrer eigenen Ahnen, andererseits nicht einfach (vielleicht noch furchteinflößende) „Totengeister", sondern willkommene glücksbringende Beschützer und Begleiter auf dem Lebensweg und Symbole der Auferstehung, der irdischen Wiedergeburt. Stand diese doch allen Seelen nach einem vorübergehenden, verjüngenden Aufenthalt in der paradiesischen Anderswelt, im Bauch der gütigen Bergmutter, bevor.

Das Christentum hat sich heftig bemüht, den Kelten ihre Cucullati auszutreiben. Doch in den Sagen und Legenden haben sie sich in abgewandelten Formen erhalten, von Mainz bis Budapest, vom Ammersee, wo noch jährlich der Goggolori beschworen wird, bis nach Kuchl an der Salzach, dem alten Cucullae nahe dem Bergmassiv des Göll (hinter dem vermutlich eine Cailleach oder Gula steht), aber auch sonst rundum in ehemals keltischen Ländern, wo zuvor die Schutzgeister offiziell „romanisiert" und in namenlose „Totengeister" umgewandelt worden waren.

GRANNUS
Keltischer Heiler-Heros

An der oberen Donau im heutigen Baden-Württemberg war Grannus in spätkeltischer Zeit der Heiler-Heros schlechthin, der nach der römischen Besetzung zum Apollo Grannus wurde und statt hölzerner Kultbauten im Sinne imperialer Selbstdarstellung prächtige Tempel aus Stein erhielt. Spuren von Grannus haben sich aber auch näher zu den Alpen erhalten. So z. B. in und um Augsburg oder nahe dem Chiemsee, im ehemaligen Kloster Baumburg, auf einem Geländesporn über der

Alz, wo „Apollo Grannus" auf römischen Weiheinschriften jeweils als Heiler zusammen mit → Sirona – einer ehemals keltischen Version der Heilgöttin Hygieia – aufscheint.

Ein besonderer Verehrer des Grannus soll der in Gallien geborene römische Kaiser Caracalla (211–217) gewesen sein, der einst über die Alpen gepilgert war, um den keltischen Heiler-Heros an einer der größten Kultstätten der damaligen Zeit zu verehren und um Hilfe zu bitten, in *Phoebiana,* dem heutigen Faimingen, Ortsteil der Stadt Lauingen an der Donau nordwestlich von Augsburg.

Grannus soll auch wirklich geholfen haben. Caracalla stiftete jedenfalls nach seinem Besuch in Phoebiana eine großzügige Straße zum Heiligtum des berühmten Heros, der vermutlich mythologisch eng mit → Belenus verwandt war, den die Römer an verschiedenen Orten als Heilergott Asklepios/Äskulap interpretierten – so z. B. in Iuvavum/Salzburg.

HAYMON
Umgedrehter Jahreszeiten-Heros

Haymon ist heute der Name einer riesenhaften Sagenfigur aus Tirol. Hinter diesem – mit dem „Hehman" aus Ostösterreich verwandten – Haymon steckt, wie in fast allen Riesen-Sagen eine verdrehte mythologische „Wahrheit" aus der Zeit unserer keltischen Ahnen. Konkret sind Haymon und sein von ihm der Sage nach durch einen Schwertstreich in die Achillesferse getöteter Widersacher, der Riese Thürsus bzw. Thyrsus, die christianisierte Umschreibung des ursprünglichen jährlichen Rituals der Ablösung/Verwandlung des Jahreszeiten-Heros zum keltischen Frühlingsbeginn (Imbolc) am 1. Februar.

Was bei den Kelten der „Spätzeit" – also an der Schwelle zu ihrer Hochkultur – als Verwandlung des Winter-Heros → Cernunnos in seine Sommergestalt → Esus durch einen Liebesakt mit der ewigen Muttergöttin dargestellt wurde, das ist zuvor als (ebenfalls spielerisch inszeniertes bzw. angedeutetes) „blutiges" Kampfritual zwischen erbitterten Konkurrenten verstanden worden, bei dem jeweils der Jüngere über den Älteren, der Nachfolger über den Vorgänger an Mutters Seite, der Sohn über den Vater, der Frühling über den Winter siegte.

Die Sage vom Haymon bietet dazu – weil sie gleichzeitig als makabere Gründungslegende für das Kloster Wilten bei Innsbruck verwendet wurde – einen Eintopf aus jüngeren und älteren Versatzstücken, der jedoch bei näherem Hinsehen durchaus auf die keltische Reihe zu bringen ist. Thyrsus ist seiner Beschreibung nach – er soll sich zum Kampf einen Birkenbaum als Keule ausgerissen haben – noch als ungeschlachter Verwandter des → Dagda zu erkennen. Während Haymon, der aus Italien oder dem Rheinland zugewandert sein soll, ein seit der Eisenzeit „modernes" Schwert sein Eigen nennt.

Christianisierte Umschreibung eines keltischen Jahreszeiten-Heros: der Riese Haymon, der Sage nach Gründer des Klosters Wilten. In der rechten Hand hält er die Zunge des von ihm getöteten Drachens. Fantasievoller Stich des 18. Jahrhunderts.

De facto ist Thyrsus mit der typischen Keule sogar die interessantere Figur. Sein Name ist abgeleitet vom Thyrsosstab der griechischen Mythologie, einem phallischen Erkennungzeichen des griechischen Fruchtbarkeitsgottes Dionysos (dt. Gottessohn). In der christianisierten Tiroler Sage steht er als Sinnbild der „alten" (der keltischen) Religion, die durch Haymon mit dem römischen Schwert getötet wird – wie später der Lindwurm, der Haymon daran hindern wollte, in Wilten/Veldidena, einem alten Kultplatz der Kelten am Fuße des Berg Isel, ein katholisches Kloster zu errichten.

Haymon, der getaufte Heros, besiegt sie alle zusammen – so behauptet es zumindest die fromme Legende. Doch der unterlegene alte Thyrsus hat dennoch sein keltisches Heroen-Blut nicht umsonst vergossen. Aus dem wurde nämlich der Sage nach jenes, unter dem Markennamen „Ichthyol" bekannte, „Steinöl", das bis heute u. a. aus dem Schiefer der Tiroler Nordkette zwischen Seefeld und Innsbruck gewonnen und als Arzneimittel gegen diverse Hautkrankheiten angewendet wird. Und der Name des Keltenheros mit der Keule aus dem „Lebensbaum" Birke lebt in diversen katholischen Märtyrern (Blutzeugen) munter fort, die wohl nicht zufällig kurz vor Imbolc gefeiert werden: so als St. Thyrsus (zusammen mit einem Callinicus, was auch ein Beiname des Herakles war) am 28. Jänner, und als „St. Thrysus" sogar am 31. Jänner!

JOVENAT
Potenter Fruchtbarkeits-Heros und Belenus-Bruder

Jovenat war ein dem → Belenus nahe verwandter keltischer Fruchtbarkeits-Heros, dessen Hauptkultzentrum sich auf dem heutigen Hemmaberg bei Globasnitz in Südkärnten befunden haben dürfte. Jovenats Name trägt jene, von der Muttergöttin und ihrem irdischen Schoß verliehene, verjüngende Heilkraft und Potenz in sich, die auch in der Bedeutung des Heiligen Berges bei Globasnitz verkörpert ist. Auf Jovenat ging der Name der römischen Straßenstation Iuenna am Fuße dieses Inselberges zurück, und der keltische Heros stand auch Pate für das Jauntal. In den Kärntner Sagen tritt Jovenat schließlich als kräftiger Bauer auf, der als Jaunegger oder mit ähnlichen Namen der saligen Frauentrinität seinen Mann steht und die Wünsche der ehemaligen Göttinnen zu deren Zufriedenheit befriedigt.

Dass Jovenat bei aller Potenz kein Gott war, sondern – wie bei den Kelten ursprünglich üblich – der untergeordnete Heros seiner Muttergöttin, zeigt sich noch heute am Hemmaberg. Eine Frau, eine Art Landes-Mutter, ist bis dato die Patronin des Heiligen Berges. Drei Frauen, Hemma, Dorothea und Rosalia, sind dort für seine und für die Heilkraft des aus einer Grotte entspringenden Wassers verantwortlich. Und gefeiert wird am Hemmaberg vom 14. auf den 15. August, dem Großen Frauentag (und alten „Isis-Tag"), den die katholische Kirche heute für ihre Gottesmutter und deren himmlische Inthronisation (Mariae Himmelfahrt) beansprucht.

Was übrigens in Binnen-Norikum südlich des Alpenhauptkammes der Jovenat war, das war im nördlichen Ufer-Norikum der jugendliche Heiler-Heros und mythologische Belenus-Bruder → Juvarus, dessen Hauptheiligtum in Juvavum/Salzburg bestanden haben dürfte.

Romanisierte Heiler-gottheit aus Juvavum: Statue des Asklepios, gefunden in der Salzburger Kaigasse. Salzburg Museum.

JUVARUS
Salzburgische Belenus-Variante und Heiler-Heros

Wie im keltischen Norikum südlich des Alpenhauptkammes der Fruchtbarkeits- und Heiler-Heros → Belenus auch in der Variante des → Jovenat auftrat, so tat er dies nördlich der Hohen Tauern als Juvarus. Mit dieser Form stand er namentlich mit dem Unterlauf der heutigen Salzach in Verbindung, die in keltischer Zeit „außer Gebirg" (außerhalb der Berge) – also von Golling bis zur Vereinigung mit dem Inn nahe Burghausen – Juvarus hieß.

Von Juvarus war insbesondere der spätere Ortsname Juvavum abgeleitet, der ursprünglich kein Oppidum an Stelle der heutigen Stadt Salzburg bezeichnete, sondern einen zentralen Heil- und Kultplatz für den Heros und seine verjüngende Kraft an einer wichtigen Kreuzung prähistorischer Verkehrsverbindungen zwischen Nord und Süd, Ost und West. Die römischen Besatzer bauten nach der Zeitenwende den Kultplatz von Juvavum nach ihren nun herrschenden religiösen Vorstellungen um, und errichteten im keltischen Badeviertel in der Fortsetzung der alten Tradition einen großen Tempel für die romanisierten Heilergottheiten Athena Hygieia und Asklepios (lat. Äskulap).

Entgegen der scheinbar „aufgelegten" Erklärung, dass Salzach und Salzburg namentlich auf das Salz vom Dürrnberg über Hallein (und von Reichenhall) zurück gingen, steckt hinter allen (auch hinter Hallein und Reichenhall) ein keltisches Wort für „heilig" im Sinne von „heil machen", wieder in Einklang bringen: *salvos/salannos* (vgl. → Salige). Das war es, wofür Juvarus und das Wasser des Flusses am zentralen Heil- und Kultplatz standen. Und Salz war die treffende Bezeichnung für ein heiliges Element – das einzige, das vor den Kühlschränken und Tiefkühltruhen die Konservierung wichtiger Nahrungsmittel erlaubte und höchst heilsam – und wertvoll – war.

LATOBIUS
Vom Fruchtbarkeits-Heros zum romanisierten „Kriegsgott"

Latobius war ein in den Ostalpen weit verbreiteter keltischer Fruchtbarkeits-Heros, der nach der römischen Besetzung mit seinem lateinischen Pendant Mars gleichgesetzt wurde. Wie der (vor-) römische Heros der Muttergöttin Venus, der unter den alt-italischen Namen *Mamers* oder *Mavors* Teil an ihrer Fruchtbarkeit hatte und Verantwortung für einen erfolgreichen Ackerbau trug, war auch der keltische Latobius ursprünglich kein Schlagetot, sondern ein Förderer und Schutzpatron der Feldwirtschaft, die unter Krieg nur leiden kann.

Die von Heros → Dagda und seiner zwiespältigen Keule bekannte Ambivalenz von Leben und Tod, die sich bis zu Esus und Cernunnos in zwei verschiedene Erscheinungsformen eines Heros differenzierte, bot den Römern auf ihrem Weg vom einfachen Bauernvolk zu den Herren der Welt eine den Kelten zuvor unbekannte fatale Möglichkeit, aus dem Fruchtbarkeitsheros einen Kriegsgott zu formen.

Während der alt-italische Mars, Schutzgott des ursprünglich ersten Monats im römischen Kalender, das Signal zum Beginn der Ackerbausaison setzte – „Im Märzen der Bauer die Rösslein einspannt …" – war auch der Latobius der ostalpinen Kelten vor seiner romanisierenden Erklärung zum Kriegsgott als Fruchtbarkeits- und Frühlingsbringer tätig. Doch so „friedlich" sich Teile der Kelten der Ostalpen in den Jahren 16 und 15 vor der Zeitenwende vom römischen Imperialismus unterwerfen („anschließen") ließen, so eifrig waren anscheinend gewisse keltische Anschluss-Gewinner bereit, auch ihre heilige Religion den Besatzern anzupassen – und z. B. aus Latobius einen Mars Latobius etc. zu machen.

Einschlägige Votivaltäre mit kelto-romanischen Inschriften für den neu ausstaffierten Mars Latobius wurden z. B. auf dem Burgstallberg von St. Margarethen zwischen St. Paul und Lavamünd im Lavanttal in Südkärnten gefunden, wo sich ein großes Heiligtum mit gallo-römischem Umgangstempel befand. Ebenso war Latobius in keltischer Zeit auf dem Frauen(!)berg nahe dem heutigen Leibnitz in der Südsteiermark verehrt worden, wo später im Tempelbezirk von Flavia Solva eine Weihetafel für den romanisierten Keltenheros Mars Latobius geborgen wurde, der darauf zwar „zur Sicherheit" noch zahlreiche keltische Beinamen – bis hin zu → Mogetius – trug, doch insgesamt auch eine tiefe „Verbeugung" vor den römischen Besatzern und „Geschäftsfreunden" und ihrem längst kriegerischen Mars darstellte.

Neu ausstaffiert: Aus dem alten Fruchtbarkeitsheros formte man in römischer Zeit den Kriegsgott Mars Latobius. Grabstein aus Virunum an der Kirche von Maria Saal.

Büste des Mars Latobius im Tempelmuseum auf dem Frauenberg.

LUG(H)
Herr aller Künste und Heros der Erd-Muttergöttin

Lug (oder Lugh) tritt uns insbesondere in dem nach ihm benannten Jahreszeitenfest zum keltischen Herbstbeginn, Lugnasa(d), um den 1. August entgegen. Es war das große Fest vor der Ernte, die Einstimmung auf den Beginn der Ernte, der Entgegennahme der Geschenke der Natur, das in ungebrochener Tradition zur Verehrung der neolithisch (jungsteinzeitlichen) Erd-Muttergöttin stand.

Aus dieser Tradition hatte sich z. B. bei den Inselkelten das vierwöchige Fest „Oenach Tailteann" bewahrt, die „Heilige Hochzeit" des Lug mit der/seiner Großen Mutter und Erdgöttin Tailtiu, der (nach Art unserer Venus von Willendorf) „Wohlgeformten". Das ausgelassene Fest, das der Beschwörung der Fruchtbarkeit von Mutter Erde und einer entsprechend reichen Ernte diente, begann zwei Wochen vor dem 1. August mit Pferderennen und einem Wettstreit der keltischen Künstler des Wortes, der Fili oder Vates, und endete vier Wochen später – also am 15. August, dem heute von der katholischen Kirche für Mariae Himmelfahrt beanspruchten „höchsten Frauentag" – mit seinem Höhepunkt.

Zum Fest Lugnasa(d) gehörten auch rituelle Besteigungen von markanten Hügelkuppen vor dem dort gemeinsam erwarteten Sonnenaufgang – so z. B. bis dato am letzten Sonntag im Juli auf den umgetauften Croagh Patrick in Irland, wo das „christianisierte" (weil nicht umzubringende) Ritual noch heute mit einer katholischen Morgenmesse endet.

Kelten-Heros Lug, der Leuchtende, der Helle, war – nach Art des mit ihm verwandten (noch „älteren") → Dagda – Meister aller Künste („Samildanach"), Lichtheros, Wettermacher, Erdbefruchter und Heiler, von den Römern mit Apollon, Hermes und Merkur verglichen und mit

Eigenschaften und Attributen ausgestattet, die in der katholischen Variante u. a. noch bei den Heiligen Michael und Pankratios zu finden sind. Wobei die Parallelen gerade an den Michael-Kultplätzen – bzw. den zugehörigen Bergkuppen – besonders stark ausgeprägt sind. Was unmittelbar damit zusammenhängt, dass Lug als „Lamfada", als „der mit dem langen Arm" eine mit Sonnenstrahl oder Blitz symbolisierte Verbindung zwischen „Himmel und Erde" herstellte.

Wobei der „Himmel" zwischen Kelten und Römern oder Griechen von höchst unterschiedlicher – von vielen Wissenschaftern in ihrer Tragweite leider ignorierter – Bedeutung war: Bei den Kelten war „der Himmel" nämlich kein Göttersitz, da die Göttin als Mutter Erde ja buchstäblich zu ihren Füßen lag, das Leben von dort hervorbrachte, trug, nährte und zur Heilung wieder aufnahm! Der Himmel war augenfällig der Ort, woher Mutter Natur, mit Unterstützung ihrer Heroen, Licht, Wasser und Wetter (auch Blitz und Donner) sandte. Aus dieser Richtung kam im ewigen Kreislauf des Lebens ihre Befruchtung.

So war Lug zwar ein dem Michael („technisch") verwandter „Mittler" zwischen Himmel und Erde – und ein Berggipfel ist immer noch (physikalisch) näher zum Himmel als das flache Land. Doch der „lange Arm" des fast omnipotenten Heros Lug war ein anderer als der des Erzengels Michael, der keine Mutter mehr zu befruchten hatte – was Kollegen Gabriel betrifft, ist das eine andere Frage – sondern als verlängerter (sozusagen „bewaffneter") Arm eines unerreichbar weit entfernten himmlischen Herrschers fungierte – und dessen Widerpart Lucifer justament am 1. August (Lugnasad!) aus dem Himmel gestoßen haben soll! Lug selbst war von europäischer Bedeutung, und Caesars Nachfolger Augustus, unter dem „endlich" auch das noch freie ostalpine Kernland der Kelten dem Imperium unterworfen wurde, legte Wert darauf, sich selbst in die Nähe des großen Keltenheros zu rücken. So erklärte er dazu u. a. die nach Lug benannte Stadt Lugdunum (Lyon) zur römischen Hauptstadt Galliens und den Termin Lugnasad zum zugehörigen Staatsfeiertag.

MARMOGIUS
Ostalpiner Mars-Bruder der Kelten

Mar(i)mogius hieß ein Kelten-Heros im Bereich von Österreich, Ungarn und Slowenien, der nach der römischen Besetzung seines ostalpinen Verbreitungsgebietes ähnlich dem (bekannteren) → Latobius gerne als keltische Variante des zum „Kriegsgott" hochstilisierten altrömischen Mars interpretiert wurde. Doch lassen sich auch noch stolze Inschriften aus römischer Zeit für den heiligen Heros Marmogius finden, die seine keltischen Verehrer ohne ausdrücklichen Mars-Zusatz beschriften und errichten hatten lassen.

Marmogius und Mogetius tauchen als Beinamen des Mars Latobius auf: Votivinschrift im inneren Korridor der Römersteingalerie auf Schloss Seggau. Foto: Ortwin Hesch.

Eine solche Weiheinschrift für „MARMOGIO SACR(um)", dessen Original sich heute im Kunsthistorischen Museum in Wien befindet, wurde zum Beispiel in Perwarth an der Kleinen Erlauf im Bezirk Scheibbs in Niederösterreich gefunden. Eine Kopie der Votivtafel für Marmogius findet sich drei Kilometer südwestlich des Fundortes: vor der Pfarrkirche der Marktgemeinde Randegg im Kleinen Erlauftal.

Am Frauenberg über Leibnitz *(Flavia Solva)* an der Mur in der Südsteiermark taucht Marmogius als einer der vielen Beinamen eines keltischen „Mars" auf, dessen „Lang-Titel" wir unter → Mogetius zitieren. Und im slowenischen Ptuj (dt. Pettau, lat. *Poetovia* – vermutlich auf → Bethen zurückgehend) an der Drau/Drava, einer ehemals bedeutenden Keltensiedlung samt Kultzentrum, an der alten Bernsteinstraße südöstlich von Maribor, treffen wir an der Ostseite des alten Stadtturms auf einen dort 1830 aufgestellten verwitterten Altar für Marmogius, den Erhabenen, „MARMOGIO AUG(usto) SAC(rum)".

Zwar ist der Stadtturm von Ptuj mit seinen zu einem Lapidarium zusammengestellten eingemauerten antiken Steindenkmälern ein so genanntes Freilicht-Museum – das älteste Sloweniens – doch angesichts des Kulturdenkmals Marmogius-Altar erhebt sich die lapidare Frage, ob es vielleicht in manchen Fällen nicht angebracht wäre, statt des historisch kostbaren, identitätsstiftenden und schützenswerten kelto-romanischen Originals eine Kopie dem nagenden Zahn der Witterung auszusetzen.

MOGETIUS
Heros der Superlative zwischen Orleans und Leibnitz-Seggauberg

Mogetius, der Größte, der Allerkräftigste, so lautete der Beiname eines „typischen" Kelten-Heros, dessen Spuren dank einschlägiger Inschriftsteine aus römischer Zeit von Zentralfrankreich (Orleans und Bourges) bis in die Ostalpen nachgewiesen werden konnten. Die eintönige römi-

96

sche Interpretation verglich Mogetius üblicherweise mit Mars und machte ihn in der Regel zu einem „Mars Mogetius", der sich in Flavia Solva (Leibnitz) in der heutigen Südsteiermark immerhin zu einem „Mars Latobius Marmogius Sinates Teutates Mogetius" auswuchs. – Aufs gehörig dick Auftragen verstanden sich unsere keltischen Vorfahren (vom Leibnitzer Frauenberg bis an die Meeresküsten), → Ogmios sei Dank, selbst in römischer Zeit noch ausgezeichnet.

MOLTINUS
Unbändig potenter Widder

Moltinus war der Name eines keltischen Fruchtbarkeits-Heros, der vermutlich in erster Linie in Gallien und bei den so genannten Insel-Kelten verehrt wurde. So nennt die einschlägige Literatur z. B. eine Weiheinschrift aus dem – den Weinfreunden nicht unbekannten – burgundischen Mâcon, dem ehemaligen Hauptort Matisco der keltischen Häduer nördlich von Lyon, der Stadt des Lug, Lugdunum, wo sich schließlich auch der römische Kaiser Augustus als göttlicher Moltinus feiern ließ.

Für den Bereich der Ostalpen ist ein Fluchtäfelchen mit einem Hinweis auf Moltinus bekannt, das in Wilten, dem ehemaligen *Veldidena*, heute Stadtteil von Innsbruck am Fuße des Berg Isel gefunden wurde. Vielleicht ein Beleg für die (gewissermaßen zwangsweise) verstärkten Verbindungen zwischen Gallien und den für wenige Jahrzehnte noch freien Kelten der Ostalpen nach Caesars mörderischem *Bellum Gallicum*, nach dem unser Gebiet zwischenzeitlich auch eine Art Exil- bzw. Zuwanderungs-Land für die geschlagenen Gallier gewesen sein dürfte.

Was den Moltinus betrifft, passt er aber – wenn die Herleitung seines Namens von „Widder" zutrifft – durchaus in die Tiroler Bergwelt, wo in keltischer Zeit der Schafbock in höheren Lagen jene mythologische Bedeutung symbolisierte, die im Flachland mit dem Heros-Stier der Muttergöttin verbunden war, die in der Hallstattzeit ja selbst noch als Rind dargestellt worden ist.

Und auch der keltische Anderswelt-Heros → Cernunnos trat nicht nur mit Hirsch-, sondern auch mit Widder-Hörnern in Erscheinung. Ja, im Virgental in Ost-Tirol haben sich Abarten keltischer Widder-Rituale in relativ durchsichtiger katholischer Verkleidung mit Unterbrechungen sogar bis in unsere Tage herüber gerettet.

OGMIOS
Herkules der Sprache und Leonhard-Vorfahr

Ogmios war der über das ganze keltische Europa verbreitete besondere Heros der Beredsamkeit. In ihm „personifizierte" sich die hohe gesellschaftliche Achtung, die bei den Kelten die Beherrschung der Sprache und die Kunst der Rede genossen. Die Kraft der Überzeugung und die Kunst, seine Zuhörer buchstäblich zu „fesseln", machten Ogmios zum Patron der Fili und Vates, der dem Rang der Druiden nächsten Seher(innen), Redner(innen) und „Wahrsager(innen)", deren Aufgabe es u. a. war, zu „Samhain", dem keltischen Jahreswechsel am 1. November, der versammelten Festgemeinde ihre Kunst zu vermitteln und „fesselnde" Vorträge zu den Themen Jahres-Rückblick und -Vorschau zu halten.

Die romanisierten Kelten verglichen angeblich ihren Heros Ogmios statt mit Merkur lieber mit Herakles, dem sie nachgesagt haben sollen, sein Siegeszug sei weniger auf die Kraft des Körpers als auf die des Geistes und auf verbale Überzeugungskraft zurückzuführen gewesen. Der griechische Wanderredner und Satiriker Lukian von Samosata will im 2. Jahrhundert in Gallien ein Bild gesehen haben, das so einen Ogmios-Herkules dargestellt hätte. Darauf hätte der Heros eine große Anhängerschar hinter sich hergezogen, die an feinen goldenen Kettchen hingen, die von des Helden Mund bzw. seiner Zunge zu den Ohren(!) des aufmerksamen Gefolges führten.

Derartige Darstellungen waren übrigens noch in der Renaissance bekannt und widerlegen eindrucksvoll das von den Feinden der Kelten propagierte Zerrbild brutaler Totschläger. Selbst gegenüber der blutigen Militärwalze der Römer wollten die Kelten ursprünglich ihre sonst übliche – untereinander eingeübte – „Kriegstaktik" anwenden und versuchten zuerst, mittels unblutiger Schau- und Redekämpfe einen „Sie-

Ein „Fesselkünstler": Ogmios-Herkules, der Heros der Redekunst, zieht an goldenen Kettchen eine Anhängerschar hinter sich her. Darstellung des 16. Jahrhunderts.

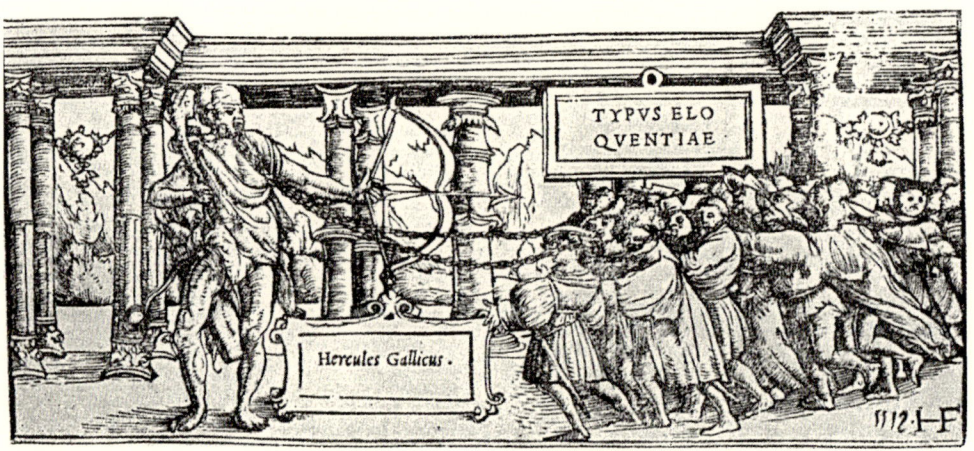

ger" zu ermitteln. Die römischen Heerführer waren zwar goldgierig, aber gegenüber keltischer Redekunst absolut taub und inkompetent. Da konnte Ogmios nicht mehr helfen. – Der Rest der Geschichte ist bekannt!

Nicht allgemein bekannt ist, dass auch die Kette des heiligen → Leonhard, des „Bayerischen Herrgotts", im Grunde auf den keltischen Heros und „Fesselkünstler" Ogmios zurückgeht. Leonhard wurde in den Ostalpen zumeist an jenen Stellen etabliert, die in keltischer Zeit Plätze für das Samhain-Ritual waren. Und auch sein Festtag, der 6. November, ist dem alten Samhain-Rummel sehr nahe, der sich wegen der durch die Differenz zwischen Mond- und Sonnenkalender notwendigen „Schalttage" über mehr als eine Woche erstreckte. Wenn Sie demnächst in Ihrer Umgebung eine exponierte Leonhard-Kirche (vielleicht sogar mit Kette außen herum) sehen, dann erinnern Sie sich an den alten „Maulhelden" Ogmios!

Wie die Kelten die Schrift mit Tabu belegten, so sehr schätzten sie das gesprochene Wort und fesselnde Gespräche. Es wundert daher nicht weiter, dass es gerade auch zum Heros der Redekunst keine schriftlichen Aufzeichnungen aus „Keltenhand" gibt. Lediglich zwei Fluchtäfelchen in lateinischer Schrift sind in der einschlägigen Literatur bekannt, auf denen Ogmios namentlich erwähnt ist. Sie stammen aus den romanisierten Ostalpen, aus Bregenz in Vorarlberg.

SMERTRIUS
Heroischer Schatzhüter

Smertrius war ein keltischer Heros nach Art des → Cernunnos, einerseits ein Schützer und Behüter in der Anderswelt, andererseits ein Heros der Fruchtbarkeit, der den Segen von Mutter Erde – ihre, in ihrem Bauch heranreifenden, vielfältigen und üppigen Schätze – hütet und verteilt. Zu seinen Symbolen gehörten der eng mit Cernunnos bzw. den Herrschern der Anderswelt verknüpfte Hirsch ebenso wie die älteren Attribute Keule und Schlange, die ihn mit dem Dagda verbinden.

Im Ostalpenraum finden sich jüngere Spuren des Smertrius aus keltoromanischer Zeit von Vorarlberg bis nach Kärnten. In Bregenz scheinen die keltischen Vorarlberger davon ausgegangen zu sein, von einem Heros Smertrius abzustammen. Und in Großbuch bei Klagenfurt, an der Südflanke des dortigen Zmulnberges, ist im Hochaltar der Filialkirche St. Lorenz – eines mythologischen Verwandten des → Lug – eine Bauinschrift für ein ehemaliges Heiligtum des erhabenen „Dis Smertrius" eingemauert, gestiftet vor rund zweitausend Jahren von einem Marcus Claudius Rufus und von einer Julia Gemellina.

TARANIS
Klassisch missdeuteter
Atmosphäre-Heros

Die Berühmtheit des Taranis (Donnerers) steht leider in einem fast peinlichen Missverhältnis zum ehemaligen Stellenwert des Heros, den er bei unseren keltischen Ahnen tatsächlich einnahm. Im Sinne „klassischer" Verdrehung wurden ihm seit zwei Jahrtausenden Rollen angedichtet, die zwar für die alten Römer und ihre einschlägig gebildeten Nachbeter mit ihren hochfliegenden Fantasien bis heute von einiger Bedeutung waren, nicht aber für die erdverbundenen Kelten selbst.

Trotz aller blühenden bis blutrünstigen Projektions-Bemühungen vom römischen Dichter Lucanus über Jakob Grimm bis Jean-Jacques Hatt: Taranis war schlicht jener keltische Atmosphäre-Heros, der sozusagen den DJ am Wetter-Mischpult von Mutter Erde zu spielen und unter Donner und Blitz zu ihrer Befruchtung beizutragen hatte. Weder seine Kompositionen noch sein Platz „da oben" bei den

Jupiter gewidmet, die Attribute Rad und Keule (Stab) verweisen jedoch auf den keltischen Atmosphäre-Heros Taranis. Römischer Altarstein aus Gerling bei Ansfelden.

Wolken und den Vögeln, ließen den Kelten ihren Taranis als „obersten Himmels-Gott" erscheinen.

So ein Bild entsprach ganz einfach nicht ihrer Weltanschauung. Die räumliche Position des Wetter-Heros war lediglich dem physikalischen Prinzip geschuldet, dass Wasser im flüssigen Zustand der Erdanziehung unterliegt und Regen deshalb in der Regel vom „Himmel" auf die Erde niedergeht! Der Himmel selbst war im keltischen Weltbild kein Göttersitz, sondern lediglich Plafond, der bekanntlich gefälligst nicht auf die Kelten-Köpfe fallen sollte.

Was schließlich die chauvinistisch einfältige Fantasie von einer speziellen keltischen „Götter-Trinität" aus → Taranis, → Teutates und → Esus betrifft, gehen wir im nächsten Kapitel zu (höflich gesagt) „überholten Interpretationen" näher darauf ein. An dieser Stelle belassen wir es beim höchst nützlichen „Wettermacher" Taranis, der in den Ostalpen in Heiligengestalten wie Sankt → Oswald nachklingt, mit dem bis heute eine Vielzahl der alten Taranis-Kultplätze besetzt sind.

Von England bis Ex-Jugoslawien gibt es einige Funde, die auf Taranis Bezug nehmen sollen. Wir haben für den Bereich der Ostalpen bzw. für das Titelbild dieses Buches den „Taranis von Gerling" herausgegriffen, der bis 1932 in einer Mauer des Bauerngutes Mayr in Gerling bei Ansfelden eingemauert war. Die lateinische Inschrift widmet den Altar zwar – in den Fußstapfen der „römischen Interpretation" – dem höchsten Römer-Gott Jupiter, doch die Attribute (Rad, Stab/Keule) zeigen einen keltischen Heros, der – neben Parallelen mit → Dagda, → Belenus, → Jovenat – mit Rad (und Blitzbündel an einer Schmalseite des Steines) auf den Atmosphäre-Heros → Taranis verweist.

TEUTATES
Der zum Kriegsgott verzerrte „Feldhüter"

Ein Widerspruch in sich ist die Deutung des nicht erst seit Asterix berühmten Teutates (*Toutates*) als gemeinsamer, ja buchstäblich gemeiner „Kriegsgott" der Kelten, dem unsere Vorfahren – zumindest nach römischer, bis heute nachgebeteter und weiter ausgeschmückter, „Feindpropaganda" – blutige Menschenopfer gebracht hätten. Auf das Trugbild von der Göttertrinität Taranis-Teutates-Esus gehen wir an anderer Stelle ein (siehe „Überholte Interpretationen"). Hier halten wir jedenfalls schon fest, dass Teutates im Bewusstsein der antiken Kelten oder Gallier einerseits kein Gott und andererseits schon gar kein gemeinsam verehrter sein konnte.

Davon abgesehen, dass die Kelten ursprünglich – bevor sie sich in manchen Gegenden den Römern andienten – überhaupt keine Götter, sondern nur Göttinnen kannten, war Teutates auch kein Name eines bestimmten Heros, sondern eine Art „Berufstitel". Teutates leitet sich wahrscheinlich von einer Schutzfunktion ab: Beschützer des „Stammes", Schutzherr über die „Volksversammlung" (und das Versammlungsfeld) – und dafür hatte jede kleine Dorfgemeinschaft ihren eigenen, den sie niemals mit dem Nachbardorf, -stamm, -volk geteilt hätte. „Wir sind wir" auf keltisch.

Teutates war also weder ein eigener Gott oder Heros, auch kein „Widdergott" oder „Totenrichter" – wie es vermeintliche Gelehrte des vorigen Jahrhunderts z. B. aus dem Kessel von Gundestrup herauslesen wollten – sondern eine bestimmte mythologische Funktion, eine Aufgabe, die regionalen Heroen zufiel und im Titelzusatz vermerkt sein konnte. Trotz der kleinräumigen Bedeutung der jeweiligen Teutati, hat sich der von ihnen erhoffte Schutz bzw. ihre Patronanz in unzähligen und weit verbreiteten Flurnamen im gesamten Bereich der Ostalpen erhalten.

*Hirsch und Eber,
Cernunnos und Esus,
zwei Seiten eines
Keltenheros. Bronze-
figürchen, gefunden am
Hang des Gutenbergs,
eines Inselbergs in der
Rheinebene.
Liechtensteinisches
Landesmuseum, Vaduz.*

Wo sich Bezeichnungen finden, die in den Karten als „Toter Mann", „Totes Feld", „Toter Berg", „Totes Gebirge", „Totenkogel" oder ähnlich eingetragen sind, lässt sich mit hoher Wahrscheinlichkeit auf eine Verbindung mit Teutates schließen. „Toter Mann" kommt z. B. von *Tota Magos*, dem (zumeist höher gelegenen, von vielen Richtungen zugänglichen) „Teutates Feld" – also einem weitläufigen Versammlungsplatz unter dem Schutz des regionalen Teutates. Selbst Tautologien wie „Totenmannfeld" (Teutates-Feld-Feld) oder ähnliches sind nicht untypisch, sondern bezeugen nur den ursprünglichen Sinn quasi doppelt. Schließlich ist das Tote Gebirge im Salzkammergut zwischen Oberösterreich und der Steiermark natürlich auch nicht tot, sondern seit der Hallstattzeit im nachhaltigen Einflussbereich des dortigen Teutates, dessen Titel es heute noch trägt.

Und wer es zu allem Überfluss gerne schriftlich hat, findet Teutates nicht nur auf den Britischen Inseln oder in Rom, sondern ebenso in den Ostalpen, z. B. auf einer heute im Schloss Seggau über Leibnitz (Flavia Solva) in der Südsteiermark eingemauerten Weihe-Inschrift für Mars → Latobius → Marmogius → Mogetius etc., die von einem antiken Heiligtum auf dem benachbarten Seggauberg stammt, wo die keltische Bevölkerung auch noch in römischer Zeit relativ unverblümt dem Glauben ihrer Vorfahren anhing.

VOCRETANUS
Wettermacher im braunen Nebel

Einen erhabenen Vocretanus rufen die Inschriften dreier Votivaltäre
an, die geschmackvollerweise im Restaurant der Burg Landskron bei
Villach in Kärnten eingemauert sind. Der Inselberg von Landskron war
zur Zeit der Kelten von einem bedeutenden Kultplatz gekrönt, der sich
nicht zuletzt auf Grund seiner exponierten Lage vorzüglich als eine Art
„Wetterheiligtum" geeignet haben dürfte. Die darauf errichteten mittelalterlichen Burgen brannten jedenfalls „in schöner Regelmäßigkeit"
nach immer wieder angezogenen heftigen Blitzschlägen nieder.
Nach dem letzten Brandschaden von 1812 verfiel die letzte Burg bis zur
Mitte des 20. Jahrhunderts. Und die danach beim Ausbau der Ruine zu

Keltischer Wetter-
macher: Weihealtar für
Vocretanus auf Burg
Landskron, Kärnten.
Foto: Landesmuseum
Kärnten.

einem Ausflugsrestaurant gefundenen steinernen Zeugen der Antike –
u. a. die erwähnten drei Altäre für
Vocretanus – fielen der Interpretation
von Historikern zum Opfer, die ihre
Ausbildung noch im so genannten
Dritten Reich absolviert hatten. Da
war dann tatsächlich von „Illyrern"
die Rede und von fantastisch blutrünstigen Hintergründen.
Geben wir uns zurückhaltend und
begnügen wir uns mit der Interpretation, der angesprochene Vocretanus
sei ein regionaler keltischer Atmosphäre-Heros und Wettermacher
nach Art des → Taranis und des heiligen → Oswald gewesen.

Überholte Interpretationen –
Trias-Phantom, Taranis-Teutates-Esus und andere Flops

Noch immer blüht erstaunlicherweise bezüglich unserer keltischer Ahnen die Saat jenes römischen „Unkrauts" auf, das bereits vor zwei Jahrtausenden aus einer Mischung aus Ignoranz, Unkenntnis und Feindseligkeit verbreitet wurde. Ein besonders hartnäckiges Stück ist dabei z. B. das pseudo-historische Phantom einer nach Menschenopfern lüsternen keltischen „Götter-Trias" aus den für sich genommen bekannten Herren → Taranis, → Teutates und → Esus, das von einem römischen Dichter namens Marcus Annaeus Lucanus im ersten „nachchristlichen" Jahrhundert im Rahmen seiner zehn Bücher über den römischen Bürgerkrieg in Umlauf gebracht wurde.

Davon abgesehen, dass die zentrale göttliche „Trias" der Kelten eine eindeutige FRAUEN-Trinität war (siehe → Bethen), kranken die Rollen des nach Lucanus kolportierten Menschenfresser-Trios an grober Fehlbesetzung, die seit ihrer Erfindung bar jeder Plausibilität ist. Gehen wir hier auf die Eckpunkte des hatscherten Dreiers ein, die Sie auch mit den vorangegangenen Einzelbeiträgen vergleichen können:

Großsilbermünze aus dem Regnum Noricum. Mit der Besetzung durch die Römer endete die keltische Münzprägung.

TARANIS: Der „Donnerer" Taranis, ein in keltischer Spätzeit an den Rand der Mythologie gedrängter ehemaliger Licht- und Wetter-Heros (daher der Titel „Donnerer" und das Radsymbol), schaffte es ursprünglich weder nach Zeus'scher Art zu einem „richtigen" Atmosphäre-Gott aufzusteigen noch hätte er dann als solcher etwas mit einem Teutates gemeinsam haben können, als Drittelpartner einer dreifaltigen göttlichen Arbeitsteilung in der Chef-Etage eines fiktiven „Kelten-Himmels"! Himmel war den Kelten lediglich ein Gewölbe, dort oben, wo das irdische Wetter zusammengebraut wird und die leuchtenden Himmelskörper sich bewegen. Göttlich war die Erde um uns und unter unseren Füßen. (Fazit: Gott da oben, gar Ober-Gott = Fehlanzeige!)

TEUTATES: Der „Vater des Stammes", Teutates, war tatsächlich niemals ein bestimmter Gott, ja nicht einmal ein namentlich bekannter Heros. Hinter Teutates steckt nämlich gar kein richtiger Name, sondern lediglich eine Art Berufstitel oder Beiname. „Teutates" war wohl der Begriff für den jeweiligen Beschützer eines beliebigen Stammes und seiner Versammlungen bzw. des Versammlungsfeldes. Und nachdem jeder der untereinander wetteifernden keltischen „Stämme" seinen eigenen Teutates hatte, der neben diesem Titel noch einen speziellen Namen trug – oder auch keinen, konnte aus einem „Teutates" (Stammvater) nie ein gemeinsamer Kelten-Gott werden! (Fazit: Gemeinsamer Gott = Fehlanzeige!)

ESUS: Herr Esus (Symboltier Eber) war die Sommergestalt des (zumeist mit Hörnern oder Geweih dargestellten) Winterheros Cernunnos (Symboltier Hirsch), des von der Dreifachen Muttergöttin eingesetzten „Herrschers" bzw. Beschützers der keltischen Anderswelt und „Herr der (Wild-)Tiere". Dieser Doppel-Heros mit seinen ambivalenten beiden Seiten (Hälften), der jedes Jahr zu Imbolc (1. Februar) durch eine mit der Muttergöttin vollzogene „Heilige Hochzeit" (ritueller Coitus) vom Cernunnos in den Esus (vom Hirsch zum Eber) zurückverwandelt wurde, kam bei den Kelten nicht wirklich in den Rang eines Gottes. Die Esus-Seite war und blieb – wie auf der anderen Seite der Cernunnos-Part – der klassische, saisonabhängige, ewig sich wandelnde Heros und Sohngeliebte seiner Muttergöttin, der Göttinnen-Trinität. (Fazit: Ganzer Gott = Fehlanzeige!)

Doch auch das Schauermärchen von den „Menschenopfern", nach denen das scheußliche Trio verlangt hätte, ist für den Bereich der keltischen Ostalpen – bei aller einschlägigen „Forschungstätigkeit" im Rahmen blutrünstiger Nazi-Hirngespinste – wissenschaftlich nicht haltbar, hoffnungslos „unlogisch" und grober Unfug. Für die üble Nachrede keltischer „Menschenopfer", die natürlich ein Zeichen abstoßender Barbarei wären, fehlen an der ostalpinen Wiege des Keltischen bislang alle schlüssigen Beweise. Schließlich wird die Absurdität angeblicher Menschenopfer auch dadurch klar, dass einfach ein geeigneter „Adressat" fehlt. Den Muttergöttinnen ihre Töchter und Söhne zu opfern, hätte für die Kelten nicht nur keinen Sinn ergeben, sondern auch ihrer Weltanschauung völlig widersprochen!
Die dennoch praktizierte haarsträubende Gräuelpropaganda geht bezeichnenderweise auf jene überaus parteilichen antiken „Historiker" zurück, nach deren Zeugnissen wir z. B. auch zu schlucken hätten, dass die frühen Christen blutschänderische Kannibalen gewesen wären. Das zu behaupten, verbietet sich wohl den derzeit etablierten Wissenschaftler mit einem minimalen Anspruch auf Seriosität. Doch es gilt auch zum Thema Kelten: Was man einem Lucanus – zumindest aus dem „Zeitgeist" der römischen Antike – zur Not noch durchgehen lassen könnte, das gereicht Historikern unserer Zeit natürlich längst nicht mehr zur Zierde! Da besteht allerdings bei manchen ein grober Nachholbedarf.

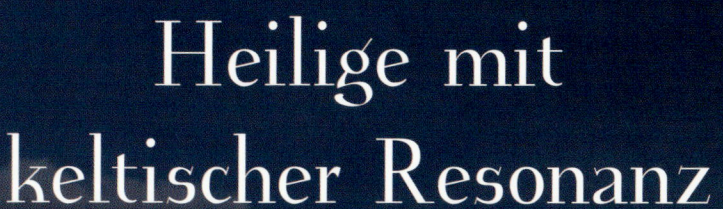

Heilige mit keltischer Resonanz

Nachfolger oder Wiedergänger

Von Achatz und Bartl über Christof und Schurl, Michl, Jockl und Polt bis hin zu Stefan und Veitl und zu den Drei Madln: Bei näherer Betrachtung erweisen sich die in den Ostalpen weitum verbreiteten Heiligen in ihrer mythologischen Funktion mehr oder weniger stark als „Nachfolger oder Wiedergänger" uralter vorchristlicher Gottheiten mit starker „keltischer" Resonanz.

So sehr einst (16/15 v. Chr.) die „friedliche" Übernahme der Ostalpen durch die Römer denselben bei ihren lange vorher angebahnten Geschäften im Keltenland genützt haben mag, so sehr hat diese „schonende" Vorgangsweise später die Ausbreitung des Christentums behindert: Die in Römisches Reich und „christliches Abendland" ohne großes Blutvergießen assimilierten bzw. eingeschlossenen Alpenkelten wurden zwar mit dem Berufsverbot für Druiden ihrer intellektuellen Führung beraubt, doch sahen sie – bei aller „Verbeugung" keltischer Männer bzw. Geschäftsleute vor der „römischen" Kultur – über die Jahrhunderte keinen Grund, ihrer naturverbundenen, frauendominierten, höchst irdischen Religion jemals wirklich abzuschwören.

Beharrlich bewahrte gerade die ostalpine Landbevölkerung fernab der wenigen urbanen Zentren ihre „heidnischen" Kultplätze, die Rituale ihrer keltischen Ahnen und vor allem ihre Schutz- und Muttergöttinnen und ihre Heroen. Diese Beharrlichkeit währte im Grunde bis heute. So wurde z. B. erst in der zweiten Hälfte des vorigen Jahrhunderts, neben anderen „Altlasten", die kaum kaschierte zentrale Frauentrinität der keltischen → Bethen formal aus dem katholischen Heiligenkalender verbannt. Doch zuvor waren Klerus und Volk über mehr als einenhalb Jahrtausende in einer verblüffenden „Arbeitsteilung" mit dem keltischen Vermächtnis auf ihre eigene Art umgegangen. Die einen „tauften" die alten Kultplätze und Gottheiten mit „christlichen" Symbolen, Namen und Legenden. Die anderen spielten die Maskerade halbwegs mit und vertrauten dabei insgeheim weiter den altbewährten BeschützerInnen und HelferInnen in neuen Kleidern und Namen, die doch ähnlich klangen – und den zugehörigen („keltischen") Ritualen. Ja mancher Landpfarrer bemerkte noch im 20. Jahrhundert, wie „primitiv Christliches und ganz und gar heidnischer Glaube auf dem Grund der Volksseele arg vermengt" sei und fürchtete sich insgeheim vor dem „unheimlichen Vulkan", der noch immer „zum Ausbrechen war".

Missionierung und Christianisierung der Alpen-Kelten
Mit allen Registern

Zwar gab es in den wenigen „Römer"-Städten der Ostalpen durchaus eine Art „Frühchristentum", doch blieb dieses – als vorderasiatische „Erlösungsreligion" – zunächst vor allem auf Soldaten bzw. „zugereistes" Militärpersonal beschränkt. Als im Gefolge des politischen Kalküls von Kaiser Konstantin und seiner Nachfolger das Christentum zur Staatsreligion wurde und alle anderen Kulte verboten waren, ließ das die ostalpine Landbevölkerung noch ziemlich kalt. In den Städten selbst war das Christentum Voraussetzung für die staatliche Karriere (*cursus honorum*) geworden, ja das Amt des „christlichen" Bischofs war bald identisch mit dem des obersten städtischen Verwaltungsbeamten. Doch die stadtferne, quasi sich selbst überlassene und relativ „freie", bäuerliche Bevölkerung der Ostalpen lebte buchstäblich in einer anderen Welt, die noch immer keltisch und nicht römisch geprägt war, und hatte beileibe andere Sorgen als die romanisierten Städter.

Erst der Zerfall des durchorganisierten (West-) Römischen Imperiums und die Umwandlung in den, von der regionalen Landwirtschaft viel stärker abhängigen, so genannten Feudalismus und die Machtübernahme durch oberflächlich romanisierte „heimische" Feudalherren brachte es mit sich, dass die Landbevölkerung zugunsten der neuen Herren „an die Kandare" genommen werden musste. Hätten sie doch ohne strenge Anleitung niemals die nun erzwungenen Abgaben und Robotdienste geleistet, für die es im Grunde keine irdische Rechtfertigung gab.

Schon die fränkischen Merowinger hatten es verstanden, sich zu diesem Zweck der (ehemals römischen) Staatsreligion, ihrer Organisation und ihres bewährten – geschulten und von einem „höheren" Auftrag beseelten – Personals zu bedienen, das nun als ideologische und organisatorische „Vorhut" der Feudalisierung „aufs Land", in die Täler und auf die Berge geschickt wurde, um dort mit allen zu Gebote stehenden Mitteln und allem Nachdruck zu „missionieren".

Der Auftrag war klar, nur die Methoden waren höchst unterschiedlich. Die „Glaubensboten" mit „germanischen" Wurzeln (z. B. Bonifatius) fielen zumeist mit Brachialgewalt ein, buchstäblich mit der Axt, und zerstörten die altvertrauten Heiligtümer. Die „iro-schottischen" Glaubensbrüder mit den „keltischen" Wurzeln (z. B. Virgil) versuchten, am Vertrauten anzuknüpfen und die Landbevölkerung davon zu überzeugen, dass das Christentum nur eine „kreative Weiterentwicklung" keltischer Glaubensvorstellungen sei. Sie übernahmen die regionalen keltischen Bräuche und Rituale und deuteten sie mehr oder weniger geschickt zu „christlichen" um. Die uralten „heidnischen" Kultplätze wurden getauft und darauf „christliche" Kapellen und Kirchen errichtet. Und den bewährten keltischen Schutzgöttinnen und ihren Heroen stellten sie mit der Zeit passende katholische Heiligengestalten zur Seite, die mit ihren altvertrauten Eigenschaften zu Schutzpatronen der neuen Kultbauten auf den alten Plätzen erklärt wurden, um auf ihre Art weiterhin Licht, Fruchtbarkeit und Heil zu sichern. – Der „Erfolg" blieb allerdings ambivalent.

Frauenkult als Basis und Bindeglied
Von der Muttergöttin zur Gottesmutter

Theoretisch ist das Christentum eine Männer-Religion, mit einem allmächtigen Gott-Vater, einem Herren, an der Spitze bzw. einer männlichen Trinität. Auf Erden spiegelt sich die römisch-katholische Männerherrschaft in Papst und Kirche wieder. Mit jenem weltfernen alten Mann an der Spitze, der Urmutter Eva verführte und damit die „Sünde" über die Menschheit brachte, wäre allerdings bei der „Missionierung" der Kelten kein „Blumentopf zu gewinnen" gewesen. Auch nicht mit einer „Erlösung im Jenseits"! –

Selbst wenn einschlägig präformierte „moderne Wissenschaftler" bei der so genannten Auswertung von Grab- und Beigabefunden in der Regel meinen, der Unterschied zwischen Kelten und Christen hätte darin bestanden, dass Erstere dort Wegzehrung für die „Reise ins Jenseits" mitbekommen hätten, Letztere nicht. Der Unterschied lag fundamental anderswo: Darin, dass „die Kelten" überhaupt kein Jenseits kannten und brauchten, weil sie für den vorübergehenden Tod schon im – irdischen! – Schoß von Urmutter Erde, der ursprünglichen Muttergöttin, geborgen waren, Christen aber weder in dem von Abraham noch im erlösenden Himmel.

Selbstredend: Mit dem „überirdischen" Unterschied des Christentums wären die Kelten, überhaupt die hartnäckigen der Ostalpen, niemals „zu fangen" gewesen. Da mussten in erster Linie Frauen her, liebe(nde) Frauen, mit fast allen Eigenschaften, mit denen sie noch heute verbunden werden! Darauf hatte – bei aller Monopolstellung – auch das Staatschristentum zu reagieren.

Da viele der im Römischen Reich existierenden und nun offiziell verbotenen großen Religionen stark weiblich dominiert waren, reagierte das Imperium im fünften „nachchristlichen" Jahrhundert mit einem Konzil in Ephesos, Hauptstadt der Provinz Asia und Hauptkultort der Artemis. Die christliche Jungfrau Maria wurde – unter Einsatz riesiger Mengen an Bestechungs-Geldern – zur „Gottes-Gebärerin" erklärt und das Museion, die Hohe Schule der antiken Großstadt, zur ersten Marien-Kirche der Welt umfunktioniert. Aus der „Magd des Herrn" war de facto die „Himmels-Königin" geworden.

In dieser Rolle besetzte Maria im Laufe der Zeit auch die wichtigsten Positionen im „christlich" gewendeten „heidnischen" Mythos und Brauchtum der Ostalpen, in den hier gebräuchlichen Festen, in der sakralen Infrastruktur und auf den Altären. Bei näherem Hinsehen wird überall – von der Großwallfahrt bis zum kleinsten Frauen-Bründl, vom Großen (15. August) und Kleinen Frauen-Tag (8. September) bis zu Maria Lichtmess (2. Februar), vom Frautragen bis zur Maiandacht – mühelos der keltische Hintergrund sichtbar. Wenn Sie z. B. erfahren, dass die Kirche, vor der sie stehen „Unserer Lieben Frau …" oder gar „Unseren Lieben Frauen (!) …" geweiht ist, können Sie fast immer sicher sein: Hier regierte schon in keltischer Zeit eine besondere Liebe Frau: die weise, fruchtbare, beschützende und heilende Dreifache Muttergöttin unserer „heidnischen" Ahnen.

Die 14 Nothelfer der Ostalpen – Heilige Frauen-Trinität mit elf Heroen

> *Böse Zungen behaupten, das Christentum in seiner katholischen Variante sei im Grunde keine monotheistische Religion, denn unzählige hoch verehrte Heilige geistern hier wie […] Götzen auf halbem Wege zwischen Gott und den Menschen herum, […] Boten des Spirituellen mit irdischer Kragenweite. (A. Roedig)*

Solche Zitate sind natürlich leicht hingeschrieben – und auch noch treffend. Doch dahinter steckte einst sicher der wichtigste Hebel, um aus den wilden Kelten der Ostalpen endlich fromme Christen zu machen. Dazu bedurfte es wirklich vieler Helfer in der Not. Dass unter den vielen tausenden Möglichkeiten der zu Gebote stehenden, zumeist mediterranen „Importware", gerade vierzehn (2 x 7) bestimmte ausgesucht und zusammengefasst wurden, hat damit zu tun, dass sie – nach langwieriger Auslese – offensichtlich am ehesten dazu geeignet waren, in die großen mythologischen Fußstapfen vertrauter keltischer „Originale" zu treten.

Die hierzulande unter dem Begriff der „Vierzehn Nothelfer" zusammengefassten katholischen Heiligen, drei Frauen und elf Männer, traten in den Ostalpen als Einzelhelfer zum Teil bereits seit dem 9. Jahrhundert auf. Im „Paket" – also quasi als geballte Sondereinheit – gibt es sie im engeren Ostalpenbereich und in Süddeutschland allerdings erst seit dem 14. Jahrhundert. Wobei die auf drei beschränkte Zahl der Frauen natürlich nicht zufällig ist, wohl aber die Elf-Zahl der beigeordneten Ersatz-Heroen.

Bezüglich der „offiziellen" Zusammenstellung der Heiligengruppe, die mit ihrer vereinten Kraft eine wirksame Alternative zu den vertrauten keltischen Schutzgottheiten bieten sollte, hat sich jedenfalls folgende Schar durchgesetzt, deren Mitglieder in der Folge noch einzeln beschrieben werden: Achatius, Ägydius, Barbara, Blasius, Christophorus, Cyriakus, Dionysius, Erasmus, Eustachius, Georg, Katharina, Margaretha, Pantaleon und Vitus.

Mancherorts wurde von diesen 14 mythologischen Gestalten der eine oder die andere Heilige ausgetauscht und an deren Stelle eine ähnliche Gestalt zu den Nothelfern gezählt. Insbesondere kamen zu dieser Ehre fallweise die folgenden katholischen Heiligengestalten: Dorothea,

Hubertus, Leonhard, Maria, Nikolaus und Oswald. In seltenen Fällen
wurde auch auf Quirinus, Rochus und Sixtus zurückgegriffen.

ACHATIUS
Nothelfer gegen Todesangst und Zweifel (22. Juni)

Achatius (gr. *der Unschuldige*) ist eine der erstaunlich vielen Besetzun-
gen eines ostalpinen „Sterbehelfers", die in der Regel allesamt mythologisch mit der dunklen keltischen → Borbeth verbunden sind. Achatz
gehört allerdings zu jenen wenigen Heiligengestalten, an deren Krea-
tion unsere keltischen Ahnen selbst weitgehend unschuldig waren. Bei
seiner ursprünglichen Propagierung im „christlichen Abendland" ging
es nämlich zuerst darum, für die mörderischen und religiös völlig wert-

rda · s · Eligs · s · leonhers · margen · s · thriftoff · s · kabria · s · waebara ·

Die katholische Alternative zu den keltischen Schutzgottheiten: die Vierzehn Nothelfer. Mittelteil des spätgotischen Allerheiligenaltars der Spitalskirche in Bad Aussee, um 1480.

losen Kreuzzüge ins Heilige Land – also „gen Osten" – zu mobilisieren. Der heilige Achatz diente ursprünglich der ideologischen Vorbereitung religiös verbrämter Ostfeldzüge, von denen dann geschäftstüchtige Mitstreiter wie der venezianische Doge Enrico Dandolo (im Rahmen des 4. Kreuzzuges) oder der österreichische Herzog Leopold V. samt dem deutschen Kaiser Heinrich VI. (zuvor im Gefolge des 3.) – ausschließlich auf Christenkosten – sündhaft profitieren konnten.

In die Schar der ostalpinen „Nothelfer" geriet der Kriegsheld Achatius erst mit einem weit späteren „Kreuzzug", der in die entgegengesetzte Richtung führte: als es endlich darum ging, sich um den Endsieg des wahren Glaubens im eigenen Land zu kümmern, und darum, quasi zum letzten Gefecht gegen die in den ostalpinen Gebirgstälern noch immer hartnäckig festsitzenden Kelten-Heroen und ihre sagenhaften Frauen zu blasen.

Achatius war für seine erste Aufgabe als himmlischer Einpeitscher blutiger Glaubenskämpfe vermutlich im 13. Jahrhundert durch die Dominikaner, diesem speziell zur „Bekehrung der Ketzer und Ungläubigen" gegründeten katholischen Predigerorden, erfunden worden. Nach der danach verbreiteten Legende soll Achatz der legendäre Söldnerführer einer kleinasiatischen Riesenschar von Kriegern gewesen sein, die sich für den lukrativen Endsieg über die Heiden selbst erst taufen ließ. Zur frommen Heiligenschar wurden Achatius und seine Meute, die Masse der „Zehntausend Märtyrer", weil sie nach ihrer „christlichen Bekehrung" von den Schergen des „heidnischen" Kaisers Hadrian (117–138) postwendend am heiligen Berg Ararat zuerst in fürchterliche Dornen gejagt und anschließend gekreuzigt worden sein sollen.

Um die etwas geringere Zahl der frommen „Kreuzritter" zu den von ihnen erwarteten Massakern gegen die große Zahl der Ungläubigen anzuspornen und sie an der Heiligkeit ihres Tuns nicht zweifeln zu lassen, galt der schon im Vorfeld gepriesene heilige Achatius im Einsatz für den „totalen" – aber seit Kirchenvater Augustinus „gerechten" – Krieg gegen die Ketzer und andere erklärte Feinde des Christentums als wirksamer Patron gegen Todesangst und Zweifel.

Wie viele andere „NothelferInnen" kam der heilige Achatz, der angeblich Unschuldige, als kampferprobtes „Mitbringsel" aus den Kreuzzügen auch in die Ostalpen, wo er ab dem 15. Jahrhundert als Ergänzung zu den bereits etablierten Seelenbegleitern und „Nothelfern" als besonders in Salzburg und im „Heiligen Land" Tirol beliebter Patron der Sterbenden eingesetzt wurde, um diese vor allem davor zu bewahren, im Angesicht des Todes am Christentum zu zweifeln und dabei vielleicht sogar in den „alten" Glauben der Ahnen zurückzufallen.

ÄGYDIUS
Uralter Hirsch- bzw. Ziegen-Heros (1. September)

Ägydius oder Gilg zeigt an diversen alten Kultplätzen deutlich seinen Anspruch auf eine → Cernunnos-Nachfolge mit seiner, ihn der Legende nach mit ihrer Milch nährenden, Hirschkuh, einem keltischen Symbol der Großen Muttergöttin. So ist es auch kein Zufall, dass der Schutzpatron der Pfarrkirche von St. Gilgen am Wolfgang- oder Abersee im österreichischen Salzkammergut eben der heilige Ägydius vulgo Gilg ist. Er weist dort mit seinem Patronat bis heute darauf hin, worum es auf und unter dem benachbarten Falkenstein, einem dominanten Kultzentrum seit der Steinzeit, vor allem ging: um das Geheimnis des Lebens und der (Wieder-) Geburt.

Ägydius ist ausgewiesener ostalpiner Nothelfer gegen Unfruchtbarkeit und für Kindersegen, „getaufter" Nachfahre bzw. „Ersatz" des hirschgehörnten keltischen Wachstums-Heros → Cernunnos, den seine Mutter-

ST.VITUS · ST.BARBARA · ST.KATHARINA · ST.GEORG

ST.NIKOLAUS · ST.MARGARETE

ST.PANTALEON · ST.CHRISTOPH

ST.LEONHARD · ST.ACHATIUS

ST.ÄGIDIUS · ST.ERASMUS · ST.BLASIUS · ST.EUSTACHI

INRI

göttin jährlich zu Imbolc per Coitus in seine Sommergestalt → Esus verwandelt hatte. In der Fürbergbucht zwischen St. Gilgen und dem Falkenstein wurde dieser Mythos derart realistisch nachgestellt, dass die Sage noch heute vom Ritual der „Heiligen Hochzeit" berichtet.

Außerhalb der Ostalpen setzt die fromme Legende zu Ägyd auf die Geschichte von einem weitgereisten Mann, der angeblich im 7. Jahrhundert im fernen Athen geboren worden sein soll. Von dort aus sei der brave Christ in die Provence gereist. Nicht, um hier das süße Leben Südfrankreichs zu genießen, sondern um sich als Einsiedler zurückzuziehen und von der Milch einer ebenso frommen Hirschkuh ernährt zu werden. Ein Westgotenkönig namens Wamba hätte ihm zwar im Jagdeifer fast seine Ernährerin weggeschossen, doch traf der Pfeil statt dessen den wackeren Gil selbst, der dafür zur „Wiedergutmachung" von dem peinlich berührten König die Erlaubnis bekam, seine eigene Abtei St. Gilles zu gründen.

Neben dem Fürsten von Nîmes, dessen Sohn St. Gilles en passant zu neuem Leben erweckte, soll sich selbst der blutrünstige Frankenhäuptling Karl „um die Fürbitten Ägydius" bemüht haben. Für dieses kanonisierte Scheusal hinterlegte dazu schließlich sogar ein leibhaftiger Engel eine schriftliche Sündenvergebung, die dann wohl jemand dem großen Kaiser vorgelesen haben muss, der ja selbst Analphabet war. St. Gilles wird es allerdings eher nicht gewesen sein, da dieser – entsprechend der Legende – zu Karls blutigen Lebzeiten schon lange tot gewesen sein muss. Was aber andererseits auch nicht viel ausmacht, da Ägydius, der Nothelfer und Patron der stillenden Mütter, vermutlich gar nie wirklich gelebt hat – trotzdem wurde „sein" Kloster St. Gilles ab dem 11. Jahrhundert in riesigen Wallfahrten gestürmt.

Was übrigens die Bedeutung seines Namens betrifft, steckt hinter Ägydius kein wie immer gearteter „Schildträger" – Ägydius kommt vom griechischen Aigidios, was schlicht „Ziegenkitz" bedeutet. Über das damit angesprochene Symbol ist die Entschlüsselung des Heiligen nicht schwer. Ägydios oder Ägydius ist ganz einfach der mythologische Nachfahre des Heros einer (Hirten-) Muttergöttin, deren anschauliches Symbol eine prächtige Ziege mit prallen Eutern war.

Seit der Steinzeit hatten sich die Menschen Bilder von ihren Urmutter- und Schutzgöttinnen gemacht, die durch milchspendende Muttertiere wie Hirschkuh, Rind, Schaf und Ziege dargestellt wurden. Als sich diesen männliche Heroen zugesellen konnten, geschah dies in der Symbolik zuerst mit Hilfe von Kälbchen bzw. jungen Schaf- und Ziegenböcken. In der Ägydius-Legende mutiert die Mutter schließlich weiter als der – hierzulande nicht verstandene – Name des Sohnes. Wir sollten für den geschenkten Schlüssel dankbar sein!

BARBARA
Mythologische Erbin der Borbeth (4. Dezember)

Barbara (dt.: Die Dunkle) soll nach der ihr zugeschriebenen, typisch katholischen Heiligenlegende, Ende des 3. Jahrhunderts entweder in Nikomedia *(Izmit)* in Kleinasien (vgl. → Pantaleon), in Heliopolis *(Baalbek/Bálabakk)* im Libanon oder in Catania auf Sizilien geboren worden sein. Da Barbara nicht nur klug, sondern auch viel zu schön war für die schnöde Welt, ließ ihr eifersüchtiger Vater einen äußerlich uneinnehmbaren Turm für die begehrte Jungfrau bauen.

Weil sich Töchterchen aber in den Kopf gesetzt hatte, unbedingt Christin zu werden, erschienen ihr dazu hinter dem Rücken des Vaters gleich zwei prominente himmlische Herren, denen der Turm kein Hindernis war: der Heilige Geist – in Gestalt der angeblich stets paarungsbereiten Taube – als „Pate" und der heilige Johannes, der bei Barbara gerne den Täufer machte.

Diese kompromittierenden Herrenbesuche konnte der kleinasiatische Vater natürlich nicht auf sich und der angegriffenen Familienehre sitzen lassen. Er übergab daher seine aufsässige Tochter der staatlichen Justiz, die – entsprechend der grausigen Fantasie (und Folter-Realität) des christlichen Mittelalters und ihrer Legendenverfasser – sie angeblich derart marterte, dass Bärbel sogleich zur christlichen Märtyrerin wurde.

Nach abwechselnder Bearbeitung mit Geißeln, Knüppeln und Fackeln wurden Barbara schließlich in coram publico die schönen Brüste abgeschnitten. Doch erst der eigene Vater versetzt sie endlich an prominente Stelle in die Heerschar der katholischen Heiligen, indem er sie eigenhändig köpfte.

Die obligate blutrünstige Marter hatte die Märtyrerin Barbara jedoch nicht davor bewahrt, im Jahr 1969 doch noch aus der offiziellen Liste der römisch-katholischen Heiligen, dem *Calendarium Romanum*, gestrichen zu werden, weil sie nach Ansicht des 2. Vatikanischen Konzils doch zu „unhistorisch" gewesen sei.

Dem so genannten Volksglauben ist das mit der vatikanischen Liste ziemlich einerlei. Was im ehemaligen Keltenland zählte und zählt, ist der mythologische Hintergrund, der im Mittelalter wesentlich half, dass Barbara von der römisch-katholischen Kirche in den Ostalpen endlich als führende „Nothelferin" und passender „Ersatz" für die keltische → Borbeth, die uralte holde „Bergmutter", etabliert werden konnte, die zuvor in der heidnischen Frauentrinität für den Aspekt des (vorübergehenden) Todes, für den Schutz der Seelen und ihr Heilmachen im Bauch von Mutter Erde und für die irdische Wiedergeburt zuständig gewesen ist.

Nicht nur der phonetisch ähnlich klingende Name (Barbara/Borbeth) hat sie zur Helferin in der damaligen Not der katholischen Kirche

gemacht. Wenn wir uns Barbaras symbolischen und mythologischen
Gehalt genauer ansehen, dann bekommen wir auch Ordnung in das
sonst für uns heute eher unverständliche Sammelsurium: Eine von Barbaras direkten mythologischen Ahninnen ist z. B. Baubo (dt. Höhle,
Bauch, Gebärmutter), die kleinasiatische Personifikation der weiblichen Fruchtbarkeit und ihrer Organe.

Und in der schützenden Höhle, im Bauch der Bergmutter war für die
Kelten ihre Anderswelt situiert, jenes besondere „Wellness-Center", an
dem die verstorbenen Seelen sich auf ihre irdische Wiedergeburt vor-

bereiteten. Schutz im Bauch von Mutter Erde erwarteten sich auch die keltischen Bergleute von ihrer Borbeth, damit sie nicht nur lebendig in den Berg hinein, sondern nach getaner Arbeit ebenso wieder herausfuhren.

Damit die katholische Barbara als passende Borbeth-Nachfolgerin taugte und angenommen wurde, musste sie natürlich deren bisherige Patronanz für die Sterbenden bzw. Toten und für die Bergleute übernehmen und das auch entsprechend zeigen können. Der dazu gewählte Turm oder „Bergfried" war zur Zeit ihrer Einführung zwischen dem 13. und 14. Jahrhundert eines der gängigsten Sinnbilder, um Sicherheit, Schutz und Geborgenheit zu verdeutlichen.

Der Kelch, mit dem Barbara analog zur Nothelferin Margaretha ebenfalls auftreten kann, ist eines jener Gefäße, das seit früher Zeit das besondere Gefäß des Lebens im weiblichen Schoß bzw. Mutterbauch darstellt, und damit ein sehr anschauliches Symbol für Geburt und Wiedergeburt ist. In diesen Zusammenhang gehört schließlich auch der schon Borbeth zugeordnete Aspekt der Bergmutter als „Wintermutter" und Wetterpatronin, der unmittelbar in der weniger märchenhaften als mythologischen Gestalt von Frau Holle steckt.

BLASIUS
Der Licht-Heros mit der Fisch-Komponente (3. Februar)

Blasius, ein angeblich geköpfter Märtyrer, der nach den Intentionen seiner ersten Propagandisten eigentlich für die Weisheit und Heilkunst von Belenus/Apollon/Äskulap stehen sollte, und einen lichtverheißenden Namen trägt (vgl. engl. *blaze* für Flamme, Lichtschein), verkam im Laufe der Zeit erstaunlicherweise zum Nothelfer gegen Halsweh, in dessen Namen ein Segen gesprochen wird, der davor bewahren soll, unterm Jahr an Fischgräten zu ersticken.

Nach der *Legenda Aurea* des Jacobus de Voragine soll Blasius im 3. Jahrhundert Bischof von Sebaste (heute Sivas) in Anatolien gewesen sein. Dort habe er sein Bistum von einer bescheidenen Höhle(!) aus geführt, wo er eine Schar von wilden Tieren um sich geschart hatte, als deren Patron er auftrat, und als Heiler diverse Wunder tat. Ein Kind, dem eine Fischgräte im Hals steckte, bewahrte er durch Handauflegen vor dem Erstickungstod. Einer Frau tat er Gutes, indem er den Wolf, der ihr Schwein gestohlen hatte, dazu veranlasste, reumütig seine Beute zurückzubringen, und die kranken Tiere rundherum wurden durch Blasius' wundersame Hände geheilt. Überhaupt galt der Höhlenbischof als weiser und beliebter Tier- und Menschenarzt vor dem Herrn.

Die anatolischen Jäger waren mit Bischof Blasius allerdings weniger zufrieden, da sich das jagdbare Wild lieber um des Heiligen Höhle herumgetrieben haben soll, als sich artgerecht von den Weid- oder

Waidmännern in freier Wildbahn erschießen zu lassen. Als der Wildpatron dafür ins Gefängnis gesteckt wurde, weil er keine Götzenbilder anbeten wollte, schlachtete die oben angeführte Frau ihr zurückgewonnenes Schwein und schickte Blasius den Kopf.

Die mit blutrünstigem Eifer erzählten Martern, die wie üblich notwendig waren, den Mann endlich zum „Blutzeugen" für das Christentum zu machen, ersparen wir uns jedoch an dieser Stelle. Blasius' Tod trat jedenfalls zuletzt nach erfolgreichem Köpfen ein.

Blasius ist einer jener „Heiligen", die den Heiler und Anderweltheros → Cernunnos, den keltischen Schutzpatron der Wildtiere, zu ersetzen hatten, der vor der Christianisierung seinen Herrschaftssitz als „Herr der Tiere" und „Anderweltfürst" im Bauch von Mutter Erde eingenommen hatte, und dem dafür in den kalkhaltigen Teilen der Ostalpen zigtausende Höhlen zur Verfügung standen.

Auch der katholischer Fest-Termin des Blasius, der 3. Februar, ist natürlich kein Zufall: der nächste „freie" Tag nach Imbolc bzw. Brigid (1. Februar) und Maria Lichtmess (2. Februar). Mit seinem eigenen Kopf (einem uralten Licht-Symbol) weist der „Geköpfte" auf das Licht hin, dessen Wiederkunft Anfang Februar von den Kelten ausgelassen bis orgiastisch gefeiert wurde. Mit dem Schweinskopf wird das sogar deutlich genug, um den Heiligen auch in den exkeltischen Alpenländern mythologisch „kompatibel" zu machen. Von wegen rituelles Essen! Es geht mehr um die um diese Zeit (per Koitus) vollzogene Verwandlung des Cernunnos (Symbol: Hirsch) in seine „Sommergestalt" Esus (Symbol: Eber), auf die mit dem Sauschädel in der Blasius-Legende angespielt wird.

Auf den anderen Eckpunkt, den keltischen Jahres- und Winterbeginn zu Samhain (1. November) weist – bei aller mitgelieferten erotischen Fisch-Symbolik) – Blasis Hals-Patronat hin: Im menschlichen Hals wird bekanntlich die Sprache gebildet, deren Kunst bei unseren Ahnen gerade zum Jahreswechsel besonders gefragt war, als die keltischen Fili oder Vates ihre „fesselnden" Weissagungen zum Besten gaben – zu jenem Termin, an dem der Heros Esus in seine Wintergestalt Cernunnos bzw. in die Anderwelt fuhr, deren Tore dann für die Seelen der Verstorbenen offenstanden.

CHRISTOPHORUS
Seltsamer Totenbegleiter der Autofahrer (24./25. Juli)

Eine der sonderbarsten und in gewisser Weise urtümlichsten Heiligengestalten im Trupp der ostalpinen Nothelferschar stellt der seit seiner Einführung äußerst populäre aber umso fiktivere Christophorus dar. Sonderbarerweise hat es dieser ausgewiesene Sterbepatron justament zu einem Ehrenplatz an den Windschutzscheiben der Autos mit österreichischen Kennzeichen geschafft, wo seine mythologischen Cousins → Dagda, → Belenus, Hermes oder Anubis bislang noch nicht hingekommen sind.

Christophorus (dt. „Christusträger"), katholischer „Nothelfer der Sterbenden", steht jedenfalls mythologisch dem keulenbewehrten Keltenheros Dagda am nächsten, der zur Zeit der römischen Besetzung der Ostalpen selbst als eine Mischung aus Herkules und Hermes verkleidet worden war. Vielleicht war das allerdings mit ein Grund, Christoph im Gefolge des 2. Vatikanum aus dem offiziellen römisch-katholischen Heiligenkalender zu tilgen.

Die Heros-Variante mit dem Gottessohn auf der Schulter ist gegenüber anderen mythologischen Mitbewerbern tatsächlich jünger, nämlich eine dem Hermes „entliehene", der im (Wiedergeburts-) Mythos des Dionysos diesen als Knaben auf der Schulter trägt. Wenn wir noch hinzufügen, dass Dionysos auf Deutsch „Gottessohn" heißt, dann ist Christophorus in dieser Pose ein sehr offensichtliches Plagiat des älteren Hermes. Auch Christophorus Keule, die am verjüngten oberen Ende grünt, ist sichtlich identisch mit dem Stab des Hermes – aber auch mit der bekannten Keule des Dagda, wodurch diese starken Kerle Herren über Tod und Leben waren und zur, den Kelten geläufigen, irdischen Wiedergeburt verhelfen konnten.

Der Beiname „Kynokephalos" (Hundsköpfiger) belegt sogar das Bemühen, Christophorus dem hundsköpfigen ägyptischen Totenbegleiter Anubis anzugleichen. Wobei ja auch bei den Kelten Hunde wegen ihres arttypischen Verhaltens als Begleiter bis in die Anderswelt galten.

Was schließlich die Märtyrerlegende betrifft, Christophorus sei geköpft worden, haben wir schon an vielen anderen Stellen auf die Licht- und Geburtssymbolik verwiesen. Diese „Auszeichnung" teilt er aber auch mit drei weiteren Nothelferkollegen, mit → Blasius, → Cyriakus und → Dionysius.

CYRIAKUS
Besessenenheiler und Muttergöttinnenaustreiber (8. August)

Cyriakus („dem Herrn gehörig") ist wie → Achatius, → Christophorus und → Vitus ebenfalls ein „Nothelfer der Sterbenden", der für den mühsamen Job, an Stelle des → Dagda, → Cernunnos und → Lug(h) treten zu müssen, ebenfalls geköpft worden sein soll. Mit Bartholomäus und Vitus teilt er sich das Einsatzgebiet der Teufelsaustreiber und Besessenenheiler. Cyriakus soll um 300, zur Zeit des berühmt-berüchtigten Kaisers Diokletian, Diakon (Gehilfe) des römischen Bischofs Marcellinus gewesen sein. Zur selben Zeit hatte ein dummer Teufel von Diokletians Tochter Artemia Besitz ergriffen – dumm deshalb, weil er verriet, dass ihn nur Cyriakus vertreiben könne. Tatsächlich soll der kaiserli-

che Christenverfolger darauf nach dem frommen Diakon gerufen haben, der die Kaisertochter nicht nur heilte, sondern auch zur Christin taufte. Zum Dank dafür schenkte Diokletian, der offensichtlich schon zum „sanften Alten" mutiert war, dem Cyriakus ein Haus samt passendem Bassin für die damals bei den Christen übliche Erwachsenen-Taufe.

Die Wundertätigkeit des Cyriakus sprach sich bei so prominenten Klienten natürlich schnell herum. Und weil auch der König von Babylon (heute Han al-Mahawil, südlich von Bagdad) gerade eine besessene Tochter hatte, kam Cyriakus zum Vertreiben des Bösen dorthin, wo er nicht nur die Prinzessin heilte, sondern gleich noch „viel Volks" taufte. Zurück in Rom, konnte er allerdings sein neues Haus samt Tauf-Pool nicht mehr recht genießen, weil Diokletian inzwischen nach Dalmatien in Pension gegangen war und Mitkaiser Maximilan nicht davor zurückschreckte, den armen Cyriakus um einen Kopf kürzer und damit zum Märtyrer machen zu lassen.

Die Köpferei, die auf einen starken Lichtaspekt hinweist, teilt Cyriakus u. a. mit den Nothelferkollegen → Blasius, → Christophorus und → Dionysius. Doch die Höhepunkte der Cyriakus-Legende sind selbst voller Anspielungen auf die „Überwindung" vorchristlicher Lichtkulte. Hinter der Kaisertochter Artemia steckt natürlich Artemis, die ursprüngliche skythische Sonnengöttin aus Ephesus, welche die Griechen der Antike zur „Schwester" ihres Sonnengottes Apollon machten. Was seinen „Auslandseinsatz" im Gebiet des heutigen Irak betrifft, stellen wir fest, dass in Babylon das Hauptheiligtum des Heros der Muttergöttin Ishtar, Marduk, stand, dessen Name mit „Jung-Stier der göttlichen Sonne" zu übersetzen ist.

Und der Festtag des Cyriakus, der 8. August – also eine Woche nach dem 1. August oder Lugnasad –, weist deutlich auf seine Rolle in ehemals keltischen Ländern hin: Die mühsame Vertreibung des Lichtheros der Kelten: Lug. Zwar soll dieser seltsame Patron und Teufelsaustreiber Cyriakus schon mancherorts im 8. Jahrhundert sein Wesen getrieben haben, etabliert werden konnte er in den Ostalpen allerdings erst im 15. Jahrhundert. Einen Aspekt des späten Nothelfers der Sterbenden und der Besessenen wollen wir zum Schluss nicht unerwähnt lassen: In der Pfalz ist Cyriakus auch Patron des Weinbaus, dem die ersten Trauben geopfert werden. – Das hat aber sicher weniger mit teuflischer Besessenheit als mit dem Geist weiser Inspiration zu tun.

DIONYSIUS
Passender Nothelfer gegen Kopfschmerzen (9. Oktober)

Dionysius (auch Denis) – ein makaber umfunktionierter Licht- und Fruchtbarkeitsheros – ist zwar nicht Dionysos (dt. Gottessohn) selbst,

Christus am Kreuz und Martyrium des heiligen Dionysius. Malerei auf Holz von Jean Malouel und Henri Bellechose, 1399–1416. Louvre, Paris.

aber wörtlich „dem Dionysos geweiht", dem mythologischen Bruder des römischen Bacchus, und tatsächlich dessen schwach christianisierte Kopie. Die bacchantische Seite des römisch-katholisch vereinnahmten Heros dürfte jenen wilden Germanenhäuptlingen durchaus gefallen haben, die sich im vierten und fünften Jahrhundert von den Römern als Söldnerführer anheuern ließen und in den Rang gut verdienender Generäle aufstiegen.

Zu diesen beamteten Kommisköppen, die neben dem offiziellen Sold natürlich reiche Beute aus ihren Raubzügen gewannen, gehörte sicher der typische „Reichsgermane" Childerich I. (gest. 482), salfränkischer Merowinger-Häuptling und „Verwalter" der römischen Provinz *Belgica II* im nördlichsten Gallien. Gregor von Tour schildert den Vater von Chlodwig I. (466–511) jedenfalls als zügellosen Tyrannen, der es sogar dem eigenen Barbarenvolk zu bunt getrieben habe.

Doch auch der heilige Hausmeisterspross Karl der Große schwor später so sehr auf die Kräfte des fränkischen Nationalheiligen St. Denis, den heutigen „Nothelfer" gegen Kopfschmerzen, Hundebiss und Syphilis, dass er auf seinen blutigen Kriegszügen quer durch Europa immer auch dessen Reliquien als Amulette mit sich führte.

Da Dionysos/Bacchus von offiziell christlichen Herrschern nicht verehrt werden konnte, wurde mit Dionysius ein Hybride aus „heidnischen" und katholischen Komponenten geschaffen, dessen „christlicher" Anteil durch folgende knappe Legende legitimiert werden sollte:

Im Jahr 250 habe Fabian, der damalige Bischof von Rom, sieben Kleriker nach Gallien geschickt, um die dortigen Gallo-Römer zu katholisieren. Einer der Tapferen soll Dionysius geheißen haben und justament nach Lutetia gezogen sein, einer gallo-römischen Kleinstadt an Stelle der vormaligen Siedlung Lutuhezi der keltischen Parisier. Dort kam er gerade recht, um als erster Bischof von Paris – und Opfer der ersten Christen-Verfolgung – den Montmartre (dt. Märtyrerberg) als solchen einzuweihen. So soll Dionysius (franz. *Denis*) noch im selben

Jahr auf dem ehemals heiligen Berg der Parisii das bischöfliche Haupt abgeschlagen bekommen haben.

Weil der eigensinnige Ex-Bischof aber partout nicht dort begraben sein wollte, schnappte er sich seinen sonst herrenlosen Kopf, klemmte ihn sich unter den Arm und lief noch stolze 6 Kilometer Richtung Norden. Dort ließ dann angeblich im 7. Jahrhundert der fränkische König Dagobert (629–639) die erste Abtei St. Denis bauen, damit er sich nach seinem eigenen Tod zu einem Heiligen legen könne.

Die Archäologie lehnt Dagobert den Guten als Bauherrn von St. Denis ab. Doch wichtiger als Dagobert war für St. Denis ohnehin Dionysos! Er scheint das eigentliche, notdürftig kaschierte Original zu sein, der kretische Heros der Mond- und Sternengöttin Ariadne, und spätere griechische Gott der Fruchtbarkeit und des Weins, Sohn des Zeus und der (Mondgöttin) Semele und Ansprechpartner für den Anfang Oktober fälligen Erntedank. Was zuletzt die Verbindung des Dionysius mit Bacchus betrifft, war mancher ostalpine Bacchus-Jünger sicher froh, dass wir hierzulande einen passenden eigenen „Nothelfer gegen Kopfschmerzen" haben.

Lief ohne Kopf noch sechs Kilometer: der heilige Dionysius, Nothelfer gegen Kopfschmerzen, ursprünglich ein keltischer Licht- und Fruchtbarkeitsheros. Darstellung in der 1493 erschienenen „Weltchronik" von Hartmann Schedel.

ERASMUS
Geburtshelfer und Reliquienladen

Erasmus, „der Liebenswerte", soll um das Jahr 300 frühchristlicher Bischof von Antiochia (heute Antakya in der Südtürkei) gewesen sein: justament zur Regierungszeit des bösen Kaisers Diokletian (284–305). Doch der fromme Mann setzte sich in weiser Voraussicht in den damals ruhigeren Libanon ab, um sich dort im Schatten der berühmten Zedern

Rechte Seite: Der
Prototyp für spätere
„Märtyrer-Ölschinken":
das „Martyrium des
Heiligen Erasmus" von
Nicolas Poussin im
Petersdom, Vatikan.

zu verstecken und einen längeren Kuraufenthalt (von sieben Jahren) zu genießen.

Bischof Erasmus betet in dieser Zeit im libanesischen Exil zwar tapfer gegen Diokletians Christenverfolgungen an und lässt sich in den Pausen von einem Raben Speis und Trank bringen. Doch erreichte ihn schließlich ein Engelsbote mit dem strikten Auftrag, endlich zu seinen Schäfchen nach Antiochia zurückzukehren. – Ein klassisches Himmelfahrtskommando!

Prompt wird Erasmus in Antiochia geschnappt und ebenso prompt nach den üblichen Regeln der Kunst gemartert. Was der prächtig erholte Gottesmann vorerst allerdings „in strahlender Schönheit" übersteht. Wie seinem Kollegen Veit kann ihm das Zwangsbad in siedendem Öl nichts anhaben und auch nicht flüssiges Blei. Umgekehrt zerfällt der Jupiter-Tempel bei des Bischofs Anblick zu Staub. Und der plötzlich obdachlose Tempel-Drache fährt wütend zur Hölle.

Später begleitet Erzengel Michael Erasmus höchstpersönlich nach Formia bei Neapel, wo dieser seinen Lebensabend zu verbringen gedenkt. Statt Raben füttern ihn dort nun englische Heerscharen durch den Lebensabend, bis er nach geraumer Zeit entschläft und vom nahe gelegenen Gaeta aus (heute Stützpunkt der US-Navy) seine postmortale Karriere im lukrativen Reliquien-Handel antreten darf. Erste Station der Geschäftsreise im Dienste der kirchlichen Finanzen war St. Peter in Rom, wo die nicht weiter veräußerten Reste von Erasmus' Resten im rechten Querschiff deponiert sein sollen, wo einst ein eigener Erasmus-Zweig des Ablasshandels blühte.

Der dortige Altar wurde jedenfalls im frühen 17. Jahrhundert mit einem sechs Quadratmeter großen Ölbild von Nicolas Poussin geschmückt, welches das „Martyrium des heiligen Erasmus" bzw. die Szene, bei der ihm angeblich der Bauch aufgeschlitzt wurde, recht blutrünstig darstellt, und zum beliebten Prototyp für viele spätere „Märtyrer-Ölschinken" geworden ist.

In die Schar der vierzehn Nothelfer geriet Erasmus schon früher – als wackerer Mitstreiter für eine Art letztes Aufgebot gegen die noch immer tief verwurzelte Anhänglichkeit der hiesigen Bevölkerung an die weit verbreiteten heidnischen Relikte des polytheistischen keltischen Glaubens der Ahnen. In dieser Situation musste Erasmus nun vor allem dort helfen, wo z. B. → Nikolaus zu wenig gegriffen hatte.

Und bei näherer Betrachtung der legendären Gestalt des Heiligen und seiner Symbolik wird auch verständlich, welche Aspekte im alten Keltenland dabei besonders wirksam waren: An erster Stelle stand natürlich Elmos Rolle als Nothelfer der Gebärenden, in der er der → Ambeth-Nachfolgerin → Margaretha zur Hand ging, die nicht zufällig ebenfalls aus Antiochia stammen soll. Darauf verweist auch der symbolische Kessel, der deformierte keltische Kessel der Fruchtbarkeit, des Lebens und der (Wieder-) Geburt (vgl. → Vitus).

In diesen Zusammenhang gehört schließlich auch der falsche „Tempel-Drache", der Lindwurm Margarethas, die alte Ur-Schlange des ewigen Kreislaufs des Lebens. Und dazu gehören die schwarzen Raben der Heilergöttin → Borbeth (→ Barbara), die noch heute im Tower von London das mythologische Haupt des Kelten-Königs und Anderswelt-Suchers Bran bewachen, der einst seinem Schwager Matholwch, König von Irland, den Kessel der Wiedergeburt geschenkt hatte.

EUSTACHIUS
Katholische Cernunnos-Variante

Eustachius, „der Fruchtbare", trat seinen multifunktionellen Job als ostalpiner „Nothelfer in schwierigen Lebenslagen" erst im 14. Jahrhundert an. Das führte wohl auch dazu, dass die wichtigsten Ressorts der illustren Schar schon zuvor verteilt gewesen waren, und dem Nachzügler daher nur noch die eher undankbare Rolle des Lückenbüßers zufiel. Dabei soll zu Lebzeiten um den älteren Hirsch-Heiligen noch ein echtes „Griss" gewesen sein. – So stellt es zumindest seine fromme Legende dar. Damals (konkret zwischen den Jahren 98–117) regierte Kaiser Trajan. Der – so dichteten ihm die römisch-katholischen Heiligen-Legenden-Schreiber des Mittelalters an – habe sich einen Jäger und Heermeister namens Placidus (der „Sanfte, Gefällige") gehalten. Dem wiederum läuft bei seiner blutigen Berufsausübung – justament an einem Karfreitag – ein Hirsch über den Weg, der sich mit beleuchtetem Kruzifix im Geweih als Christen-Gott zu erkennen gibt.
Der überraschte Placidus fällt tatsächlich vom Pferd und der Hirsch herrscht ihn an: „Warum verfolgst du mich? … Ich bin Christus, der den Himmel und die Erde erschaffen hat." Und weil damals die Frauen bei der Verbreitung des Christentums noch eine große Rolle spielen, erscheint der sprechende Hirsch zur Ermahnung nächtens prompt auch noch Placidus Gemahlin. Was den römischen Kaiserjäger schließlich dazu veranlasst, mit Frau, Söhnen und fliegenden Fahnen zum Christentum überzulaufen und sich auf den neuen Namen Eustachius, der Fruchtbare, taufen zu lassen.
Zum Dank für die Konversion ist es nun allerdings aus mit dem schönen Leben: Zuerst wütet eine Seuche unter Gesinde und Vieh des Eustachius. Dann fallen Räuber über die Familie her. Und auf der Flucht nach Ägypten will der Fährmann die Frau vergewaltigen und die Kinder werden von wilden Tieren verschleppt. Von da an war der Weg des alten Jägers als Heiliger vorgezeichnet!
Weil der ehemalige Placidus davor aber nicht nur Trajans Jäger, sondern auch dessen oberster Feldherr gewesen war, lässt ihn der Kaiser nach fünfzehnjähriger Suche wieder nach Rom zurückkommen und den nächsten Feldzug zur Vergrößerung des Imperiums siegreich schla-

gen. Auch Trajans Nachfolger Hadrian (117–138) überhäuft ihn mit den üblichen militärischen Ehren, doch Eustachius weigert sich samt Familie, an den folgenden „heidnischen" Siegesfeiern teilzunehmen.

Hadrian wirft Eustachius und seine Familie daraufhin den Löwen vor, die aber in gewohnter Heiligenlegenden-Manier und zum Ärger der Zuschauer verzichten und sich vor den angehenden Märtyrern nur artig verneigen!

„Da lässt der Kaiser sie in einen ehernen Stier stoßen, unter dem Feuer brennt. Darin geben sie ihren Geist auf." (zitiert nach *Reclams Lexikon der Heiligen*)

Sie fragen – völlig zu Recht – was das mit den Kelten zu tun hat? Hier die passende Antwort: Den Schlüssel kennen Sie vermutlich bereits bzw. die Utensilien, mit denen für den Ersatzheros Eustachius die nachheidnischen Herzen der verstockten Ostälpler aufgesperrt werden sollten: Da ist zuerst der Hirsch, der natürlich nicht den orientalischen Christus symbolisiert, sondern den vertrauten – wie Eustachius fruchtbaren – Andersweltheros Cernunnos. Und da ist das keltische Ritual der heiligen Hochzeit des Heros mit der Muttergöttin samt Stier-Opfer und Stierschlaf (Tarbfais) zur Einsetzung des neuen Heros/Häuptlings.

Nachklang zum keltischen Ritual der Heiligen Hochzeit samt Stieropfer und Stierschlaf: Der heilige Eustachius begegnet einem Hirsch mit Kreuz. Tafelbild von Antonio Pisanello, Mitte des 15. Jahrhunderts.

Bestandteile „keltischer" Rituale zuhauf, die nicht zuletzt in den ostalpinen Osterbräuchen nachklingen.

GEORG
Mythologischer Erbe des Belenus

Von wegen „Ritter"! Georgs ursprüngliche Bedeutung ist alles andere als soldatisch und militaristisch. Schon sein Name drückt es deutlich aus: Georg (gr. *Georgios*) bedeutet einfach „Bauer" und steht für Fruchtbarkeit und nahe Beziehung zur allesgebenden Urmutter Erde. Georg war vor seinem abendländischen Einsatz schon in Kleinasien ein Fruchtbarkeits-Heros gewesen. Und deshalb wurde er später auch im ehemaligen Keltenland gerne angenommen – angenommen als „Ersatz" für → Belenus, → Juvenat, → Abfalter, und wie sie alle geheißen haben, die alten Fruchtbarkeits-Heroen der keltischen Muttergöttinnen.

Den „Lindwurm", den Georg buchstäblich aussticht, kennen wir zur Genüge aus der eigenen Mythologie. Diese wörtliche See-Schlange (*lind*, kelt. für See) ist die Ur-Schlange, das Symbol und ursprüngliche Begleittier der Großen Urmutter, das mit der menschlichen Erkenntnis vom männlichen Anteil an der Zeugung in den vorher männerlosen frühen Religionen von obligaten Heroen verdrängt wurde. Beim „christlichen" Heros Georg, dem Nachfolger eines galatischen Erdbefruchters, überrascht es auch nicht weiter, dass „seine" kappadokische Jungfrau justament → Margaretha heißt und identisch ist mit dem zentralen Fruchtbarkeitsaspekt unserer Nothelferinnen-Trinität der „Drei Madln", welche die „getaufte" Version der keltischen → Bethen-Trinität darstellt.

Rechte Seite: Aus dem Bauern wurde ein Ritter, die „Drei Madln" blieben: Der heilige Georg im Kampf mit dem Drachen. Gemälde von Leonhard Beck, 1515. Kunsthistorisches Museum Wien.

Und dass der spätere „Nothelfer" Georg im Mittelalter eigentlich als Nachfolger des noch immer präsenten ostalpinen Keltenheros → Belenus eingesetzt worden war, ergibt sich aus einer einfachen Rechnung: Berücksichtigen wir nämlich die Zeitverschiebung, die der alte Julianische Kalender bis dahin verursacht hatte – damals ca. eine Woche – dann fiel das Fest des Heiligen Georg (23./24. April) nämlich noch genau auf Beltene.

Die dem Lichtbringer geweihten Kirchen stehen zumeist an besonders markanten Punkten, Geländevorsprüngen, Bergkuppen – eben an Stelle alter Kultplätze für Belenus, den keltischen Licht- und Fruchtbarkeitsheros – sowie an einst der Großen Mutter nahen uralten, zu katholischen Frauenwallfahrten umfunktionierten, Bethen-Kultorten. Ob in Oetz am Nordrand der Ötztaler Alpen, ob in Kals am Großglockner, am Georgenberg bei Schwaz in Tirol, am Danielsberg im Mölltal oder über dem Klopeinersee, ob in Großklein oder Pürgg in der Steiermark, von St. Georgen am Fillmannsbach bis Stillfried an der March, an hunder-

ten markanten Stellen Österreichs: Wo heute Georg als Patron instal-
liert ist, waren einst überall heilige Orte der Kelten. Genauso verhält
es sich auch in Süddeutschland oder in Slowenien, in Oberitalien oder
Tschechien, wie überall in einst keltischen Ländern.

KATHARINA
Mythologische Erbin der Wilbeth

Katharina, die Helle, die Weiße, die Reine (eigentlich: die Gereinigte, die in den Mythos Eingeweihte), wie ihr griechischer Name ins Deutsche übersetzt lautet, geht – im Gegensatz zu ihrer mythologischen „Schwester" → Wilbeth – natürlich nicht unmittelbar aus keltischer Tradition hervor, sondern „stammt" aus der antiken Metropole Alexandria in Ägypten. Aus heutiger Sicht betrachtet, war diese legendäre Figur, die im Gefolge der „Kreuzzüge" frühestens im 13. Jahrhundert zu uns gekommen ist, offenbar dennoch am nachhaltigsten geeignet, in den ehemals keltischen Ostalpen endlich wirksam an die Stelle der noch immer angebeteten Wilbeth, des weißen und weisen Aspektes der „heidnischen" Göttinnen-

Die Weisheits- und Schicksalsgöttin Wilbeth im christlichen Gewand: Martyrium der heiligen Katharina von Alexandria. Tempera auf Holz, Detail eines Tryptychons für die Wawelkathedrale in Krakau von Michael Lancz von Kitzingen, 1521. Muzeum Narodowe, Krakau.

Dreifaltigkeit (→ Bethen-Trinität) zu treten.

Der legendäre „Geburtsort" Katharinas, der katholischen Patronin der Weisheit und Wissenschaft, der Schutzheiligen der Philosophischen Fakultäten und Nothelferin für Eloquenz, konnte von allen „klassischen" Destinationen nur das hellenistische Alexandria im Nildelta sein, das in der Spätantike das bedeutendste kulturelle und wissenschaftliche Zentrum des östlichen Mittelmeers mit der damals größten Bibliothek der Welt war – und in frühchristlicher Zeit als Patriarchensitz einen höheren Rang einnahm als Rom.

Die erst im Mittelalter importierte Katharina bekam von der „siegreichen" römisch-katholischen Kirche zu ihrer Legitimation als Erbin der keltischen Wilbeth in den Alpen alle nur erdenklichen Attribute beigefügt und umgehängt! Da ist als erstes das Rad (engl. *wheel*), das uralte Symbol der Sonne: Die „christlichen" Ideologen des finsteren Mittelalters machten aus Katharinas Sonnen-Rad, das ursprünglich mythologisch und bildhaft eng verbunden war mit dem symbolträchtigen Spinnrad (zum Spinnen der menschlichen Schicksalsfäden), unter Zuhilfenahme obligat wüster Märtyrerlegenden, ein in dieser Zeit grausam „vertrautes" Marter-Instrument.

An Insignien kamen noch Palme, Krone, Buch – und auch das Schwert – dazu, die in den Ostalpen keine genuin „christliche" Bedeutung hatten, sondern ausgewiesene Bethen-Symbole waren. Die Palme galt als internationales Sieges-Zeichen und als aus wärmeren Gefilden importiertes Sinnbild für Fruchtbarkeit und ewiges Leben. Krone und Schwert waren seit alters her Insignien der Macht. Und das Buch symbolisierte schließlich – insbesondere im analphabetischen Mittelalter – ganz augenfällig die Weisheit.

Katharina von Alexandria, die ostalpine „Nothelferin" für Eloquenz, katholische Patronin der Wissenschaften und der Universitäten, ist nichts anderes als die alte, ewig junge, keltische Licht-, Weisheits- und Schicksalsgöttin Wilbeth im „christlich getauften, gereinigten" Mantel. Und ihr Festtag ist der 25. November, der ehemals für Spinnerinnen wichtige Termin des Beginns der Schafschur – diese hatte dann Vorrang vor der Tanzerei und anderen raschen Drehbewegungen. („Kathrein stellt den Tanz ein!") Entschleunigung war – auch aus magischen Gründen – angesagt im keltischen Winter, in dem selbst das Licht und die Sonne die Zeit nutzten, um neue Kräfte zu sammeln.

Die Namensbase der Katharina aus dem 14. Jahrhundert, die nachweisbare heilige Katharina von Siena, die „Seherin", geboren als 23. Kind eines reichen Schafscherers und Wollfärbers, hat ihr Grab justament in der römischen Basilika St. Maria sopra Minerva (über Minerva) erhalten. Und siehe da: Minerva, die mit Juno und Jupiter die göttliche „Kapitolinische Trias" des Römischen Imperiums bildet, war die italische Göttin des Handwerks, der Künste, der Weisheit und der Medizin!

MARGARETHA
Mythologische Erbin der Ambeth

Margaretha, die Perle, die Frucht der Muschel (vgl. *Muschi*), die nach den alten Mythen aus göttlicher Befruchtung entsteht, gewinnt ab dem 11. Jahrhundert die Chance, in keltischen Ländern an Stelle alter Fruchtbarkeits-Göttinnen zu treten. Zu diesen „heidnischen" Muttergöttinnen zählt die irokeltische Morrigain, die Meereskönigin (wörtlich: die Meergeborene), genauso wie die alpine → Ambeth, der zentrale Fruchtbarkeitsaspekt unserer heimischen → Bethen-Dreiheit.

Wie dem „Nothelfer-Madl" → Katharina, dichtet die fromme Legende auch Margaretha, der Perle der katholischen Heiligengestalten und „Ersatz-Göttinnen", die Herkunft aus einer berühmten hellenistischen Stadtgründung an, mit einem ebenso bedeutenden und mit Rom konkurrierenden Patriarchensitz: Margaretha, die mythologische Verwandte von Aphrodite, Isis, Venus, unsere „Nothelferin der Gebärenden", soll einst in Antiochia, dem heutigen Antakya in der Türkei zur Welt gekommen sein. Von dort kam Margaretha (im Reisegepäck

der Kreuzritter) nach Europa. Margarethas zentrales Symbol für das ewige Leben, für den Kreislauf „Geburt–Tod–Wiedergeburt", die Schlange der Urmutter, wurde im Rahmen der Christianisierung wie auch im Denken der Menschen zum einschlägig bösen Drachen oder Lindwurm (= Seeschlange, von kelt. *lind*, für See) umgedeutet. Was aber Margaretha/→ Ambeth wenig anhaben konnte, weil sie dem Lindwurm der Legende nach – genauso wie der im Bodenmosaik der Basilika von Aquileia verewigte Jonas – unversehrt wieder entsteigt, also irdisch wiedergeboren wird oder „aufersteht". – Ein wichtiger Aspekt, um bei den heimischen „Ex-Kelten" als Ambeth-Ersatz und Nothelferin angenommen zu werden.

Die Schlange, das zentrale Symbol für den Kreislauf „Geburt–Tod–Wiedergeburt" wurde zum bösen Drachen stilisiert: die heilige Margaretha. Darstellung in Hartmann Schedels „Weltchronik".

Oft führt die schöne Perle auch einen unterdimensionierten Drachen am „Bandl" – wie es die kappadokische „Jungfrau" Margaretha wohl auch mit ihrem Heros → Georg tat. Und neben diesen Insignien finden sich an den diversen Bildern und Statuen des Madls natürlich auch die alten → Bethen-Symbole: Palmzweig, Krone und Buch. Wozu im speziellen Falle – und in Verbindung mit → Barbara/→ Borbeth – schließlich noch der Kelch kommt, die kleinere Ausgabe des Kessels der Fülle, des Lebens und der Wiedergeburt (= Auferstehung).

PANTALEON
Heiler und Geburtshelferinnen-Patron

Mit dem Namen Pantaleon („Ganz Löwe") wurde einst jener legendäre Mann gesegnet, der an der Wende vom 3. zum 4. Jahrhundert wie die heilige → Barbara in Nikomedia, dem heute türkischen Izmit, am Marmara-Meer gelebt haben soll und dort zum „Großmärtyrer" heranwuchs, wo Diokletian im Jahr 284 zum Kaiser wurde und sich später eine prächtige Residenz bauen ließ.

Klein Pantaleon war zwar von seiner Mutter in den christlichen Glauben eingewiesen worden. Doch als diese früh verstarb, ließ Vatern dem armen Jungen doch noch klassische Bildung angedeihen.

Zuerst kam der Knabe, entsprechend den sieben Stufen des damaligen regulären Studiums, zur Unterweisung in eine so genannte Grammatikschule, wo er bald „den Kurs der ganzen äußerlichen heidnischen Wahrheitsliebe durchlaufen hatte". Danach fasste der ehrgeizige Vater den Entschluss, seinen Sohn zum Mediziner ausbilden zu lassen und gab ihn „zu dem berühmten Arzt Euphrosin in die medizinische Schule", wo er seinen Lehrern bald „fast ebenbürtig" wurde.

Der junge Pantaleon war angeblich bereits derart klug, redegewandt und schön, dass das sogar Diokletians Mitkaiser Maximianus auffiel, der zu dieser Zeit in Nikomedia gelebt haben soll. Ja, es winkte eine tolle Karriere, als Maximian dem berühmten Euphrosin befahl, seinen Schüler noch schneller und besser „in aller ärztlichen Kunst zu unterweisen", um ihn zum neuen kaiserlichen Leibarzt geeignet zu machen. Das ließ aber Ermolas, dem alten Oberpriester der Christengemeinde von Nikomedia, keine Ruhe, an dessen Haus Pantaleon täglich vorbeiging.

Der schlaue Alte wickelte den Jungen im Nu gehörig ein, und verkündete ihm, dass alles bislang erworbene Wissen nur Betrug sei: „Die Lehre und die Kunst des Asklep(ios) [griech. Heiler-Gott], des Hypokrates [griech. Arzt, 460–370] und des Galen(us) [röm. Arzt, 129–199] sind nichtig … auch die Götter, die der Kaiser Maximian, dein Vater und die übrigen Heiden verehren, sind nichtig und nichts anderes als Fabel und Betrug für Geistesschwache."

„Der wahre und allmächtige Gott ist nämlich einer, Jesus Christus." Und in dessen Namen schlug Seelenfänger Ermolas dem weichgeklopften „bescheidenen und gehorsamen Jüngling" einen Pakt vor: „Wenn du an diesen glaubst, wirst du jegliche Krankheit allein durch die Anrufung seines allreinen Namens heilen."

So wurde aus Pantaleon ein Panteleimon, ein Allerbarmender. Und „von niemand erhielt man so schnelle und vollkommene Heilungen wie von Panteleimon". Das war seinen „heidnischen" Kollegen, die auf Wissenschaft und Schulmedizin vertrauten, natürlich ein Dorn im Auge. Als ihnen schließlich alle Patienten davonliefen und nur noch zum Wunderheiler gingen, beklagten sie sich beim Kaiser über den (un-)heimlichen Christen. Maximian sympathisierte zwar mit seinem jungen omnipotenten Heiler und Leibarzt, doch die Staatsräson verlangte danach, den allmächtigen Christen zu beseitigen. Panteleimon wurde mit

Ein Nachfahre des keltischen Licht-und Weisheitsheros Lug(h): der heilige Pantaleon. Darstellung in der „Weltchronik" Hartmann Schedels.

eisernen Krallen und brennenden Kerzen malträtiert, doch er hielt aller barbarischer Folter stand – so musste zuletzt doch das Richtschwert geschwungen werden. Der herbeigerufene Henker war in dessen Gebrauch aber derart ungeschickt, dass er, statt den Kopf des an einen Olivenbaum gebundenen Zauberheilers vom Rumpf zu trennen, dessen Haupt entzwei schlug.

Nach seiner unmittelbaren Aufnahme in den christlichen Himmel ist Pantaleon bis heute der Patron der Ärzte und der Hebammen. Noch ein – wenn auch zwiespältig – Geköpfter! Zusammen mit dem der Athene heiligen Ölbaum der Pantaleon-Legende, dem antiken Symbol für Licht, Inspiration, Läuterung und Reinigung, schließt sich der mythologische Kreis zur keltischen Wilbeth bzw. zum Licht- und Weisheitsheros Lug(h). Und selbst die für den Heiler Pantaleon dargebrachten Opfer waren noch bis ins 20. Jahrhundert genuin keltisch: Eier – anstelle der zuvor noch offerierten (schwarzen) Hühner.

VITUS
Botschafter des matriarchalen Mythos

Gemäß seiner frommen Legende soll Vitus ein gebürtiger Sizilianer gewesen sein, geboren in Mazzarrà in der heutigen Provinz Messina, oder in Mazzarino in der Provinz Caltanissetta, oder noch besser in Mazara del Vallo in der Provinz Trapani. An der dritten Adresse soll Vitus auch nach Märtyrerart hingerichtet worden sein, womit sich dort der Kreis schließen würde. Die Verwirrung um den Geburtsort teilt dieser „Nothelfer der Sterbenden" natürlich mit vielen anderen unhistorischen Heiligen. Solche Orte haben aber symbolische Funktionen, und bei Vitus, dem Landespatron von Sizilien, Sachsen und Böhmen, scheint es insbesondere um Wachstum und Licht zu gehen.

Doch bevor wir den San-Vito-Code entschlüsseln, erzählen wir zuerst die fromme Legende des Heiligen, die uns Stück für Stück des Rätsels Lösung liefert! Vitus soll also als Sohn eines römischen Senators in Sizilien geboren worden sein. Um die Erziehung des Jünglings kümmerte sich ein gewisser Modestus, unterstützt von der Amme Crescentia (Kreszentia). Was der viel beschäftigte Papa jedoch nicht mitbekommt: Seine illoyalen Angestellten nutzen die Gelegenheit, um den senatorischen Sohnemann vom offiziellen Staatskult zu entfremden und aus ihm einen braven Christen zu machen.

Als der entsetzte Vater den Verrat entdeckt, greift er zuerst auf die altbewährten Erziehungsmittel des Patriarchats zurück und schlägt den pubertierenden Junior. Damit erreicht er natürlich nur Trotz und Widerstand. Nun schleppt der zürnende Senator seinen Filius vors zuständige Gericht. Und auch der Richter lässt Vitus schlagen. Doch statt den Jungen zur (Staats-) Räson zu bringen, verdorren den Schlägern die gegen den angehenden Märtyrer erhobenen Arme. Das ist nun umgekehrt die Stunde des Veit: Er betet großzügig für die Gelähmten. Und im Handumdrehen sind sie wieder geheilt.

Vater Senator ändert nun die Taktik zur Bekehrung seines Sprösslings. Er schließt Vitus mit einer Schar schöner Tänzerinnen ein, auf dass sie ihn bei Musik und Tanz verführen! Doch dem besonnenen Jungen ist nicht nach Orgie, und

Als zäher Überlebenskünstler war der heilige Vitus die Alternative zum keltischen Cernunnos. Darstellung in Hartmann Schedels „Weltchronik".

als der listige Papa durchs Schlüsselloch späht, sieht er seinen missratenen Sohn von sieben Engeln umgeben und wird blind. Er bleibt es selbst dann noch, als er feierlich gelobt, einen Stier mit goldenen Hörnern im Jupiter-Tempel zu opfern. Erst ein neuerliches Heilgebet seines Christen-Sohnes gibt ihm das Augenlicht zurück.

Der Senator will nun zum letzten Mittel greifen und beschließt, sein Problem mittels Mord zu lösen. Doch einer der Engel mischt sich prompt ein und warnt Jung Vitus, daraufhin mit Modestus und Crescentia per Schiff nach Lukanien (die heutige italienische Region Basilikata) entflieht. Dort im Exil, an einem Ort *(locus)* namens Alectoris („Steinhuhnort"), werden die drei von einem Adler ernährt, der ihnen täglich frisches Brot bringt. Umgekehrt tut sich der fromme Vitus in der Gegend so lange als Wunderheiler hervor, bis die Kunde davon zu Kaiser Diokletian nach Rom dringt, der zu seinem Leidwesen einen besessenen Sohn sein Eigen nennt.

Großzügig wie immer erlöst der herbeigerufene Vitus natürlich auch den Sohn des Kaisers von seiner Krankheit. Doch die Neigung zur christlichen Erlösungsreligion will er sich selbst von Diokletian nicht nehmen lassen. Was dazu führt, dass er statt des Brotes seines lukanischen Adlers, mit Lehrer und Amme auf römische Gefängniskost und Häfen-Programm gesetzt wird. Die drei Christen sollen nun zwischen schweren Eisenplatten erdrückt werden. Doch der Schutzengel bringt Licht in den Kerker und die Platten bleiben wirkungslos.

Nach dem misslungenen Versuch sollen die zähen Sizilianer schließlich frittiert werden, wofür das Trio in einen Kessel mit siedendem Öl gesteckt wird. Statt aber ihr Leben zu beschließen, entsteigen die Märtyrer dem Topf, als wäre nichts geschehen. Da wird es Zeit für die obligate Arena, wo aber der sonst hungrige Löwe zum Missfallen des Publikums dankend verzichtet und sich den drei Heiligen wie ein Lämmchen zu Füßen legt. Da aber die grausame Phantasie katholischer Legendenschreiber schier unerschöpflich war, geht die Gruselgeschichte natürlich munter weiter – bis die Seelen des Trios endlich doch gen Himmel flattern.

Nun aber zur Decodierung des San Vito und seiner Geschichte, die wir – außerhalb keltischen Territoriums, aber innerhalb auffälliger mythologischer Parallelen – in Sizilien beginnen. Die Stadt Mazara del Vallo, dessen Patron San Vito bis heute ist, wurde in der Mitte des 7. vorchristlichen Jahrhunderts als Hafen der nahe gelegenen griechischen Kolonie Selinus (heute Selinunte) ausgebaut. Selinus selbst war in der Antike ein bedeutender Mittelpunkt für die Verehrung der dreifachen Erd-, Mutter- und Frauengöttin Demeter Malophoros, die fruchtbare Korn- und Obstmutter des ältesten mediterranen Mysterienkultes und für ihre Schwester Hera.

Da war unser Vitus goldrichtig. Das (vom Prinzip her „offene") Geheimnis des Demeter-Kultes ist der Kreislauf des ewigen Lebens und der nährenden Vegetation in der unendlich wiederholten Reihenfolge Geburt-Tod-Wiedergeburt. In Mazara del Vallo bzw. oben in Selinus, der Stadt mit den rund 20 frauendominierten Tempeln, wurde das Jahr für Jahr in einer rituellen Initiation mit sieben Stufen vorgeführt.

Die Geschichte des Vitus ist voll von Anspielungen darauf. Er ist ein vortreffliches Bindeglied zwischen den matriarchalen Mythen des Mittelmeerraums und den religiösen Vorstellungen der Kelten von Irland über Böhmen bis Kleinasien. Er ist offensichtlich der Botschafter und Initiand (Eingeweihte) des matriarchalen Mythos vom ewigen fruchtbaren Leben, der im Mittelmeerraum ähnlich ausgeprägt war wie in den Alpen – und es schließlich erleichterte, den Sizilianer zu einem der beliebtesten ostalpinen „Nothelfer" zu machen, während seine legendäre Amme und Begleiterin Kreszentia (Zenzi) Namenspatronin zigtausender Mädchen des bäuerlichen Alpenraums wurde.

Blicken wir der Tatsache ins Auge: Crescentia, „die Wachsende", die schon dem Säugling Vitus ihre prallen, Nahrung und Leben spendenden, Brüste darbot und ihm bis zum Tod nicht von der Seite wich, ist Ceres, Göttin der Nahrungspflanzen, der Ehe, des Todes und der Wiedergeburt, die plebejische römische Version der griechischen Demeter, an deren sizilianischem Haupt-Kultplatz die Legende unseren vitalen Vitus geboren werden lässt.

Das wunderbare Brot kommt natürlich von der Korn- und Brotgöttin Demeter/Ceres, bzw. der ostalpinen Notburga selbst. Der Veitstanz wiederum ist die christliche Herabwürdigung der rituellen Fruchtbarkeitstänze, eine Art Gottesstrafe dafür. Was den Kessel betrifft, ist die Sache klar: Es ist der Kessel der Fülle und des ewigen Lebens, der Bauch der Urmutter, die keltische Anderswelt, die kein Gefängnis ist, sondern paradiesischer Ort der Ruhe und Heilung bis zur Wiedergeburt. An dieser Stelle ist Vitus eine Alternative für den keltischen Cernunnos.

Spezial-Heilige – Gottheiten
in christlichem Kleid und keltischer „Unterwäsch"

„Sieht man sich die Heiligenfiguren, die ihnen zugeordneten Attribute, Brauchtum und Verehrung rund um ihre Person genauer an, so verschwindet der christliche Mantel oft genug und hervor tritt eine vorchristliche mythologische Gestalt mit götterähnlichen Zügen." Treffend bringt der Klappentext zu Lore Kufners wegweisendem Buch *Getaufte Götter, Heilige zwischen Mythos und Legende* die Geschichte mit der – in ehemals keltischen Ländern (wie z. B. dem Ostalpenraum) besonders üppigen Heiligenverehrung auf den Punkt. Es ging darum, „christlichen" Ersatz zu bieten für die vertrauten „heidnischen" Gottheiten, um mit ihrer Hilfe einem „modifizierten" Christentum endlich Bahn zu brechen. Und was bei den „Vierzehn Nothelfern" nicht ohnehin schon Platz hatte, das wurde noch extra etabliert, um damit zuletzt ebenfalls in die großen alten keltischen Fußstapfen zu treten und für die neue Religion zu werben.
Von diesen „keltenkompatiblen" Spezialheiligen bieten wir hier für den Ostalpenraum noch eine beispielhafte Auswahl. Dazu gehen wir schließlich ein auf die heiligen Afra, Anna, Drei Könige, Jakobus d. Ä., Johannes d. T., Koloman, Kümmernis, Leonhard, Maria, Nikolaus, Notburga, Oswald, Petrus, Stephanus und Wolfgang.

AFRA
Getaufte Liebes- und Fruchtbarkeitsgöttin

Wären alle Heiligen so einfach als ehemals „heidnische" Gottheiten zu enttarnen, könnten wir uns unsere Decodierung sparen. Die Augsburger Stadtpatronin Afra macht es uns besonders leicht. Doch beginnen wir zuerst mit ihrer fantastischen Heiligenlegende. Der zur Folge soll Afra entweder als Prinzessin selbst in Zypern geboren worden sein, oder als Tochter eines zypriotischen Königspaares im Exil in Augsburg, das damals – nach dem römischen Imperator Augustus und dem unterworfenen keltischen „Stamm" der Vindeliker – Augusta Vindelicorum genannt wurde.
In der Stadt am Lech soll Afra jedenfalls gegen Ende des 3. nachchristlichen Jahrhunderts zusammen mit ihrer Mutter Hilaria und drei(!) jungen Frauen ein Bordell eröffnet haben. (So die christliche Legende.) Just in dieses Freudenhaus sollen vom anderen Ende Europas zwei spanische Kleriker, Narcissus, Bischof von Gerona (Girona, Nordostspanien) und Felix, sein Diakon und Gefährte geflohen sein. Und weil die neuen Pensionsgäste so schön beten konnten, dass sie bei den Dienerinnen der Venus während ihres Aufenthaltes immer mächtigeren Ein-

druck geschunden hatten, ließen sich die Hausdamen schließlich allesamt von Narcissus höchstpersönlich „taufen". Und damit zuletzt die neue Gemeinde ein angemessenes Oberhaupt hatte, weihte der rührige Spanier auch noch Afras zypriotischen Onkel Dionysius zum ersten Augsburger Bischof.

Nach getaner Arbeit kehrten die iberischen Kleriker wieder in ihre Heimat zurück, während Afra und ihre Mitarbeiterinnen in Augsburg zum Missfallen der antiken Kunden auf Venus/Aphrodite pfiffen und ihr Bordell schlossen. Im Jahre 304 nach Christus soll es dann gewesen sein, dass Afra, Patronin der Prostituierten, der Heilkräuter, Seelengeleiterin und Feuer-Beschützerin, auf einer Insel im Lech vor Augsburg wie eine Hexe verbrannt worden ist und damit den obligat heilig machenden Märtyrerinnen-Tod starb. Mutter Hilaria wurde samt übrigem Personal und letzter Kundschaft gleich mit dem Bordell niedergebrannt.

Damals lebten um Augsburg die keltischen Vindeliker, die ihren Namen, wie alle Kelten, von regionalen Muttergottheiten ableiteten, die auch den größeren Gewässern ihre Namen gaben. Was die alten Vindeliker betrifft, werden wir zwischen Wertach und Lech fündig, die im heutigen Augsburg ineinander fließen. Die Wertach soll vorher Vinda (→ Uinda – vgl. Vindo-/Uindobona) geheißen haben, nach einer neolithischen („Rinder"-) Göttin, und der Lech hieß Licus bzw. Lica oder Liza, nach der Schutzgöttin → Lika der an den Ufern ansässigen vindelischen Likatier.

Wo diese beiden Flüsse zusammenkommen, war natürlich in keltischer Zeit kein „Niemandsland", sondern ein heiliger Ort, ein kultisches Zentrum, das nach den Randnotizen einer im 12. Jahrhundert im nahen Doppelkloster (Mönche & Nonnen) Ursberg entstandenen Schrift *Excerptum ex Gallica Historia* angeblich Cisaris hieß, nach einer Göttin (Dea) Ciza – oder vielleicht doch Lica bzw. Lis(s)a. Afra weist uns samt legendärem Anhang den Weg. Ihre „Biografie" ist eindeutig: Wenn in der Antike eine Göttin mit Zypern in Verbindung gebracht wurde, war dies Aphrodite/Astarte, die Göttin des östlichen Mittelmeeres, die angeblich vor Zypern schaumgeborene (*aphros*, gr. für Schaum) vorderasiatische Göttin der Fruchtbarkeit und

körperlichen Liebe, welche die Griechen später in ihren Olymp integrierten und die Römer noch später mit ihrer Venus gleichsetzten. Der
Name Afra kommt also schlicht von Aphrodite.

Vor den Römern war zwischen Wertach und Lech der (Kult-) Platz einer
keltischen dreifachen Mutter- und Fruchtbarkeits-Göttin nach Art
einer Rigani oder Morigan bzw. der → Bethen-Trinität, die noch relativ
deutlich in der heiligen Afra und deren Umfeld zu erkennen ist. Der
Name Hilarias, der legendären „Mutter" Afras, bringt eine dritte keltische (Fluss-) Göttin ins Spiel: → Ilara, die der Iller (von den Römern
Hilaria genannt) ihren Namen gab, die – aus den Ostalpen kommend
und über weite Strecken die heutige Grenze zwischen Bayern und
Baden-Württemberg bildend – zwischen Ulm und Neu-Ulm in die
Donau (vgl. Urmutter → Danu) fließt.

Die Trinität der drei namentlich unbekannten Dienerinnen der Venus,
die den Kern des Unternehmens der Afra bildeten, ist natürlich ein
Symbol für die vorrömische, also keltische Göttinnen-Trinität, und der
ihnen unterstellte „Beruf" eine christliche Umschreibung für das römische Äquivalent der Priesterinnen vulgo Tempeldienerinnen (Venerii)
der altitalischen (für die Veneter und Venedig namensgebenden) Früh-
lings- und Vegetationsgöttin Venus. Die wurde später mit Aphrodite
gleichgesetzt und stieg im Imperium zur National- und Schutzgöttin
Roms auf. Eine Funktion, in der sie in einer Stadt, die bis heute stolz ist
auf ihre römische Tradition, nicht umgebracht, sondern „nur" durch
Feuer gereinigt bzw. (um-) getauft werden konnte.

Zu Afras Bordell passt zu hundert Prozent auch Dionysos (Pardon:
Onkel Dionysius, der dem Dionysos/Bacchus Geweihte) dazu, der im
Gefolge Afras der erste Bischof von Augusta Vindelicorum (Augsburg)
gewesen sein soll. Sogar das Szepter (Thyrosstab) des ursprünglichen
Stierheros und späteren Fruchtbarkeits-Gottes Dionysos (dt. Gottes-
sohn, „Frucht des Himmels") findet sich bis heute im Stadtwappen von
Augsburg: in Form des krönenden Pinien-Zapfens, der in der Antike
kraftstrotzende Fruchtbarkeit und unerschöpfliche Fülle symbolisierte.

ANNA
Mutter der Gottesmutter/Großmutter Gottes?

Wie die dreifache Muttergöttin der Kelten einst selbst eine undifferenzierte Ur-Mutter hatte, die noch ohne „Hilfe" eines Mannes befruchtet
wurde und gebar, so erhielten die Nachfahren der Kelten, die offensichtlich mehr als tausend Jahre nach Christi Geburt noch immer
Urmutter Danu/Ana kannten bzw. eine solche verehrten, zur Erleichte-
rung ihrer Christianisierung an deren statt endlich eine passende Heilige. Diese „christliche" Dana/Anna trat ihren Siegeszug vermutlich aus
der eigensinnigen Bretagne an, von der schließlich auch die unbesieg-

baren Gallier Asterix und Obelix den Römern entgegen getreten waren. Einerseits gebar diese legendäre Anna – trotz hohen Alters und ohne einem Manne „beigewohnt" zu haben – nach dem Volksmund eine den Keltenerben passende Frauentrinität: „Anna war ein selig Weib: Drei Marien gebar ihr Leib!" Andererseits wird diese, dem Neuen Testament noch unbekannte, Anna in den römisch-katholischen Kirchen ehemals keltischer Länder bildhaft als überragender Mittelpunkt einer göttlichen Trinität dargestellt (genannt „Anna Selbdritt"), bei der die neue, alte „Urmutter" auf den Armen oder noch öfter auf den Knien (also auf dem Schoß) eine kleine Gottesmutter Maria trägt sowie deren Spross Jesus.

Solche seit der ägyptischen Isis bekannte Muttergöttinnendarstellung, die zur Römerzeit bei uns in keltischen Fußstapfen als „Isis Noreia" angesprochen wurde und zuvor im römisch beherrschten Mittelmeerraum in Gestalt der ehemaligen punischen Schutz- und Fruchtbarkeitsgöttin Anna Perenna (die holde Nährende) Verbreitung gefunden hatte und orgiastisch gefeiert wurde, heißt in der beschriebenen katholischen Version wie gesagt „Anna Selbdritt" (selbst zu Dritt – also Drei in Einer) und ist eine Art getaufte „Variante" der keltischen → Bethen-Trinität, bei der an Stelle der dritten Frau ihr gemeinsamer Heros hereingenommen wurde.

Weil des Jesu Großmutter Anna in Österreich an ehemaligen Kultstätten der Urmutter flächendeckend auftritt, findet sich sicher auch in Ihrer Nähe ein derartiges, bei uns erst ab dem 14. Jahrhundert verbreitetes, Zugeständnis an die religiösen Vorstellungen unserer „heidnischen" Ahnen. Nun können Sie diese nicht sehr authentische aber umso hilfreichere Erdmutter Anna und die Örtlichkeit, an die sie vor gar nicht so langer Zeit gestellt wurde, mit anderen Augen sehen.

Die mythologische „Alternative" zu Dan (Danu, Ana) wird übrigens am 26. Juli gefeiert, kurz vor dem Fest Lugnasad (1. August), das auch als Fest der heiligen Hochzeit des Kelten-Heros Lug mit der Erdmutter Tailtiu galt, dessen Wurzeln tatsächlich bis in die „unchristliche" Steinzeit zurückreichen.

DREI KÖNIGE
Etikettenschwindel mit „K+M+B"

Die Geschichte, dass da weder Heilige noch Könige vor rund zweitausend Jahren nach Bethlehem kamen, ist ja nicht besonders neu. Im „Evangelium nach Matthäus", mit dem das so genannte Neue Testament redaktionell beginnt, ist lediglich die Rede davon, dass „Sterndeuter (Magier) aus dem Osten" gekommen seien (Mt. 2, 1–12), von denen auch keine Namen genannt werden.

Die Königlichkeit dieser Magiere wurde später dazuerfunden – und das

ging ungefähr so: Helena, die Mutter des späteren Kaisers Konstantin, war zwar als ehemals britische „Animierdame" aus etwas anderem Holz bzw. Fleisch als ein Evangelienschreiber, doch trug sie Wesentliches zu den Drei Königen und zur eigenen Heiligkeit bei. Dazu fand sie anlässlich einer speziellen Fact-finding-mission für ihren frommen Sohn und dessen neue „christliche" Hauptstadt Konstantinopel neben dem Holzkreuz Christi u. a. auch die Reliquien der drei Magiere von Bethlehem. Als weiterer Experte zum Thema machte sich Cäsarius von Arles (470–542), seit 513 römisch-katholischer Metropolit Galliens, einschlägig verdient: Er erklärte die legendären Drei zu Königen, die dann bis ins 9. Jahrhundert endlich mit den heute bekannten Namen Kaspar, Melchior und Balthasar ausgestattet wurden.

Ihre begehrten „Reliquien" sollen – so lautet zumindest die fromme Propaganda seit den Karolingern – schon bald nach Kaiser Konstantins Tod von der oströmischen Metropole Konstantinopel ins weströmische Mailand gebracht worden sein, wo sie schließlich von Kaiser Friedrich Barbarossa geraubt und seinem Kanzler Rainald von Dassel, Erzbischof von Köln, geschenkt wurden, auf dass dieser engagierte Kle-

Der schwarze Schatzmeister Cernunnos, Melchior, der weiße König des Lichts, und der christianisierte rote Belsazar (Balthasar): Die Heiligen Drei Könige beten das Kind an. Meister des Flügelaltars von Warta (Detail).

145

riker und Soldat seinen prächtigen Dom am Rhein damit standesgemäß schmücken könne.

Dass die Anfangsbuchstaben des weit gereisten Trios K+M+B mit denen der in den Ostalpen seit bald 1000 Jahren allgegenwärtigen Frauen-Trinität → Katharina, → Margaretha, → Barbara ident sind, ist natürlich kein Zufall. In beiden Fällen ging es um den heute leicht durchschaubaren Versuch, die bis weit ins zweite nachchristliche Jahrtausend tief verehrte, uralte keltische → Bethen-Trinität durch katholische Alternativen zu ersetzen.

Das Bemühen wird letztendlich gerade in den Namens-Spielen und Initialen-Deutereien sichtbar. Wie die schwarze Barbara, die weiße Katharina und die rote Margaretha mit ihren Vorfahrinnen → Borbeth, → Wilbeth und → Ambeth bis in die Symbolfarben übereinstimmen, so war bei den „Drei Kini" Kaspar der schwarze Schatzmeister (Cernunnos), Melchior der weiße König des Lichts und Balthasar der „christianisierte" rote Belsazar oder Baal(!), der Stierheros der syro-phönikischen Kuhgöttin und Herrin des Himmels, Anath, mythologische „Schwester" der fruchtbaren keltischen Ana-beth oder → Ambeth.

K+M+B oder C+M+B bedeutet also weder Kaspar, Melchior und Balthasar oder gar, dass Christus das Haus segnen möge. Unsere keltischen Ahnen beschworen den Schutz ihrer göttlichen Frauentrinität der drei Bethen mit drei symbolischen Kreuzen über der Tür – vermutlich so: X X X. Und als das Schrifttabu nicht mehr galt und auch die „Nothelferinnen" Katharina, Margaretha und Barbara eingeführt waren eben: K+M+B, mit dem dritten + über dem zentralen M.

JAKOBUS DER ÄLTERE
Fremde Muschel am Pilgerhut

Der Reigen der katholischen Ersatzheroen zur „Katholisierung" unserer starrköpfigen keltischen Vorfahren wäre nicht vollständig ohne den angebliche Vetter Jesu und Apostel, Jakobus („Gott möge ihn schützen") den Älteren, welcher der Legende nach im Jahre 43 unter Herodes Agrippa I. in Jerusalem enthauptet worden sein soll – nicht ohne vorher im Propagandadienst des katholischen Glaubens diverse Wunder und Heldentaten vollführt zu haben.

So soll er einmal ungebeten einem Magier namens Hermogenes die Dämonen ausgetrieben und anschließend dessen „Zauberbücher" ins Meer geworfen haben, Lahmenheilung und Heidentauferei war bis zum Wege zur Hinrichtung ohnehin Ehrensache.

Doch zur wahren Hochform lief der teure Jakob erst lange nach seinem Tode auf. Bis zu der Zeit, als er schließlich bei den Keltiberern im fernen Spanien die Christenheit zu beglücken und als deklarierter *Matamoros* (Maurentöter) die Ungläubigen, die Mauren, Juden und Ketzer

zu erschlagen hatte, beschritt er selbst einen langen mythologischen Weg, der ihn mit jedem Schritt mehr prädestinierte, den Nachfahren der Kelten als Ersatz für ältere Heroen und neue Vorkämpfer zu dienen. Wobei Jakobs Initiationsweg selbst erstaunlich viele Parallelen mit den keltischen Vorstellungen vom Kreislauf des Lebens aufweist, dessen „Eckpunkte" mit den drei Aspekten der Göttinnentrinität unserer keltischen Ahnen ident sind.

Jakobs legendäre Heiligenkarriere beginnt damit, dass seine Gebeine angeblich rund 25 Jahre nach seiner Hinrichtung zum Berg Sinai (Moses Berg) gebracht worden sein sollen, justament an jene Stelle, die später zur Grabstätte der heiligen → Katharina erklärt und mit dem noch heute existierenden Katharinenkloster überbaut wurde. Mit dem zweiten unserer ostalpinen „heiligen Drei Madln", mit der Perle → Margaretha, die nur eine andere Form der fruchtbaren → Ambeth darstellt, verbindet Jakob die urweibliche Muschel. (Raten Sie, woher „Muschi" kommt und welche bildhafte Symbolik dahinter steckt!) Und der Dritten im Bunde, der dunklen → Barbara oder → Borbeth, der Hüterin

147

über Tod und Wiedergeburt, ist er in Santiago im äußersten Westen Spaniens – dort wo die Sonne ihren täglichen Tod stirbt – überhaupt geblieben.

Jakobus wurde im Mittelalter ganz offensichtlich als Licht- und Fruchtbarkeitsheros hochstilisiert, der selbst noch in Sachen Tod und „Auferstehung" den älteren Originalen in ehemals keltischen Landen Paroli bieten sollte, insbesondere dem → Lug, dessen Lugnasadfest (1. August) Jakobus mit seinem Festtag am 24. Juli ähnlich naherückte wie → Georg (23./24. April) dem Belenus (1. Mai). Somit ist es natürlich auch kein Zufall, dass gerade Jakobus nach dem Volksmund jährlich die ersten Äpfel reifen und die ersten Austern essen lässt.

Was die Äpfel angeht, hängen sie unmittelbar mit den hinlänglich bekannten Äpfeln des ewigen Lebens zusammen. Und was die diversen Muscheln betrifft, haben wir die eindeutige Beziehung zum Symbol der ewigen Fruchtbarkeit, zur weiblichen „Muschi", bereits angedeutet. In diesem Zusammenhang wollen wir abschließend noch auf „Jack in the Green", auf jenen Grünen Jakob hinweisen, der heute noch englische Dorfkirchen schmückt, ganz nahe der hier als *Sheela na Gig* bezeichneten Muttergöttin, die in Stein gemeißelt ganz ungeniert zeigt, aus welchem heiligen Quell alles Leben kommt.

Und was zu guter Letzt dem Jakob auch noch half, die Keltennachkömmlinge Europas von seiner eigenen Heiligkeit zu überzeugen, war die verblüffende phonetische Ähnlichkeit seines Namens mit *Yacca/Yaccos*, einem keltischen Wort für „Heil" und „heilig"!

JOHANNES DER TÄUFER
In den Ostalpen unheimlich verehrt

Johannes der Täufer war bei der „Missionierung" der ehemals keltischen Länder ein hoch willkommenes Pendant zu Jesus – vergleichbar den „Paaren" → Georg und Michael oder zuvor → Esus und → Cernunnos. Kein Wunder aber auch, dass dem katholischen Klerus zeitweise die Interpretationsgewalt über den populären Johannes entglitt, der so viele Anknüpfungspunkte für „keltisch-heidnische" Fantasien bot, dass noch im 20. Jahrhundert mancherorts die ganze „Johannisnacht" (die Nacht zum 24. Juni) durch die Kirchenglocken geläutet wurden, um das gröbste Unheil abzuwehren.

Johannes („Jahwe ist gnädig") der Täufer ist natürlich nicht zufällig der direkte „Sonnenwende-Gegenpol" zu Jesus Christus (24. Dezember), dessen Festtag vom römischen Staatschristentum justament auf den ehemaligen römischen Staatsfeiertag der „unbesiegbaren Sonne" (*sol invictus*) gesetzt worden war. Was diesen Johannes in den keltischen Ländern so attraktiv machte, waren in der Tat seine starken Licht- und Wasserkomponenten, seine mit wenigen Kunstgriffen herzustellende

mythologische Nähe zu den vertrauten Licht-, Fruchtbarkeits- und Heiler-Heroen.

Zur Symbolik des Johannes gehört besonders der (sein) Kopf – den Kelten nicht nur Sitz der unsterblichen Seele, sondern auch unmittelbares Symbol für Licht und (Wieder-) Geburt. Johannes soll auf Wunsch der Salome bzw. ihrer intriganten Mutter Herodias geköpft worden sein, doch das Schema zur Köpferei anderer „christianisierter" Licht-Heroen ist immer ident und längst durchleuchtet. Das Besondere an der Kopf-Symbolik bei Johannes ist die Darstellung des Kopfes in der Schüssel, die überraschenderweise im Großteil der Fälle keinen makabren Anblick bietet, sondern starke Assoziationen zur Schlüsselszene einer Geburt weckt: Der Kopf des Neugeborenen erscheint aus dem Schoss der Mutter wie auf einem Präsentierteller.

Viele Johannis-Kirchen im Ostalpenraum – zumeist mit Fruchtbarkeitswünschen verbundene Wallfahrtskirchen – besitzen (oder besaßen) solche fein geschnitzten Johannes-Haupt-Schüsseln. Gegen Entgelt konnten die Gläubigen diese Kopftrophäen entleihen und zum Vortrag ihrer Wünsche dreimal im Uhrzeigersinn bzw. Sonnenlauf (kelt. *deisiol*) um den Altar tragen. Und da die Johannis-Kirchen natürlich über alten Lichtkultplätzen erbaut worden waren, war man/frau dort mit seinen Wünschen natürlich auch den vertrauten Göttinnen und Heroen ganz nah. Und die katholische Kirche konnte auch insofern Gewinn daraus schlagen, als die Einnahmen aus dem Schüsselverleih beträchtlich waren – was dann auch der Sanierung anderer Kirchen im Umkreis zugute kommen konnte.

Stehen die Johannes-Kirchen nicht auf den Bergeshöhen, sind sie – analog dem Fruchtbarkeits- und Heileraspekt – mit dem Lebenselement Wasser, mit Quellheiligtümern und Heilbrunnen verbunden und stehen über den heiligen Quellen und Kultplätzen unserer keltischen Ahnen. Bei den Ritualen im Vegetationskreislauf half oft weder Umdeutung noch Abwehrzauber. Zwar wurden die einst zum Sommerbeginn – für die Kelten zu Beltene (1. Mai) und mit der „Germanisierung" später zur Sommersonnenwende – rituell abgebrannten Feuer in „Johannis-Feuer" umgetauft, und nun darin u. a. Pferdeköpfe („heidnische" Licht- und Sonnensymbole) verbrannt, doch am liebsten wurden sie (erfolglos!) verboten.

In Wien soll z. B. noch um 1500 der Tanz um das Johannis-Feuer durch Weichselwein und paarungswillige Frauen orgiastisch angeheizt worden sein. Als die Kirche mit einer Art Jugend-Prozession mit Johannes und Lämmchen konterte, verwendete die fromme Jugend das dabei gesammelte Geld, um sich anschließend selbst anfeuernden Weichselwein zu kaufen. Billiger war natürlich, sich am Johannistag selbst bestimmte Kräuter zu pflücken. An vorderster Stelle standen dabei Farnkraut und Farnkrautsamen für diverse Liebeszauber oder Johanniskraut als Blitzschutzmittel. Die Beispiele ließen sich fast unendlich fortsetzen. Johannes war den Einführern entglitten.

KOLOMAN
Wächter über heilige Orte, Klöster und Weingärten

Koloman oder Coloman ist eigentlich nichts anderes als eine Art Berufsbezeichnung, wörtlich der „Zellenmann" oder Eremit, der in „heidnischer" Zeit ein abgelegenes keltisches Heiligtum betreute, das zumeist neben einer Herme (einem Pfahl oder einem Steinmal) eine Quelle und einen heiligen Baum aufwies und frommen Pilgern Rast bot. So eine vorchristliche Pilgerstation befand sich auch auf jenem Felssporn am Südufer der Donau, auf dem seit rund tausend Jahren das Stift Melk thront. Im Zuge der von Kaiser Karl propagierten Ost-Mission, der Unterwerfung ehemals „heidnischer" Nachbarvölker zur Errichtung

Ein Holunderstrauch, Symbol der Bethen-Trinität, wächst um das Galgengerüst: der Tod des heiligen Koloman. Stich aus der „Bavaria Sancta", 1704.

des eigenen Großreiches, die vom Erzbistum Salzburg aus organisiert wurde, wurden die keltischen Zellen an strategisch wichtigen Stellen endlich in katholische Klöster umgewandelt. Dies geschah schließlich auch in Melk.

Mit der Niederwerfung des Herzogtums Baiern durch Kaiser Otto II. (973–983) und der Abtrennung großer Landesteile bis Pannonien und Istrien im Jahre 976 wurde an der Donau eine „Ost-Mark" (eigentlich *marcha orientalis*) eingerichtet und der Babenberger Liutpold (Leopold) I. damit belehnt. Der neue Markgraf aus der Gegend zwischen Bamberg und Würzburg musste allerdings für die ersten acht Jahre seine Zelte in Pöchlarn vis à vis von Maria Taferl aufschlagen, weil im benachbarten Königshof in Melk in dieser Zeit noch der Vogt des Salzburger Erzbischofs, Graf Sizo aus dem Geschlecht der mächtigen baju-

151

warischen Sighardinger, selbstbewusst seinen Geschäften nachging. Der wird es – entgegen der Klostertradition – vielleicht auch gewesen sein, der Melk nahe der Peters(!)-Kirche mit einem katholischen Stift versah.

Als Markgraf Liutpold 994 starb, ging die Herrschaft in der Mark auf seinen Sohn Heinrich über, der endlich in Melk residierte und sich im Jahre 1014 sein zwanzigjähriges Regierungsjubiläum mit der Aufwertung „seines" Klosters krönen wollte. Da jedoch seine Berater offensichtlich nicht besonders fantasievoll gewesen waren, erfanden sie sich einfach einen Zellenmann (Koloman), dessen Legende augenscheinlich von einem → Bethen-Kult der „heidnischen" Wachau abgekupfert wurde, der auch Bezüge zum sonderbaren Kult um die „heilige → Kümmernis" aufweist. Koloman sollte künftig der Patron und das Fundament des Stiftes und des ganzen Ost-Reiches (Ostarrîchi) sein.

Zur Aufdeckung der keltischen Wurzeln gehen wir hier auf die wichtigsten Teile der sagenhaften Geschichte ein: Es war einmal ein frommer Ire namens Koloman. Dem kam es in den Sinn, ins Heilige Land zu pilgern. Er machte sich auf den langen Weg und kam im Sommer des Jahres 1012 in die spätestens von den Nazis so genannte „Ostmark". Prompt fiel er in Stockerau vis à vis von Greifenstein ob seiner fremden Erscheinung und seiner fremden Sprache den wachsamen Ostmärkern auf. Ein Ausländer! Ein Spion! Vielleicht sogar ein böhmischer! Der Mann wurde ergriffen und in Schubhaft genommen. Da dem verstockten Fremden aber trotz sachkundigem Verhör (Folter) kein verständlicher Satz zu seiner Herkunft zu entlocken war, musste er schließlich hängen. Den dazu verwendeten Hollerbaum hinter dem Kloster der Dienerinnen des Heiligen Geistes soll man heute noch in Stockerau bewundern können.

Der aufgeknüpfte Ausländerkerl war so verstockt, dass er nach zwei Jahren noch immer ohne die geringsten Spuren der Verwesung am Baum hing. Als ein Jäger seinen Speer in Kolomans Leib stieß – Wie hatte man wohl seinen Namen eruiert? – floss frisches Blut heraus, so als lebte er noch! Ein Wunder! Und weil Markgraf Heinrich zum Regierungsjubiläum einen passenden Landesheiligen für die *marchia orientalis* und seinen Regierungssitz in Melk brauchte, wurde Koloman endlich unter großer Anteilnahme der Bevölkerung vom Baum geknüpft, feierlich nach Melk überführt und dort ebenso feierlich am 13. Oktober 1014 bestattet. Dass ihr zwischen 1014 und 1663 amtierender Reichspatron nie formell heilig gesprochen wurde, tat der Zuneigung der frühen Ostmärker keinen Abbruch.

Wir sind doppelt auf der richtigen Fährte: nicht nur bezüglich „Ostmark", sondern auch den Koloman betreffend! Dass solche Zellen-Männer oder Eremiten ihre keltischen Heiligtümer auch an der Donau hüteten, ist klar, und dass sie dort – gerade in der Wachau – schon vor den Römern Wein anbauten und genossen, ist es mittlerweile auch.

Und als sich dann die Römer 15 v. Chr. am Südufer der Donau festsetzten, übernahmen sie nicht nur die alten Keltenstraßen und bauten sie zu römischen aus; sie schnappten sich auch die Weinberge – wobei die besseren Lagen allerdings am „feindlichen" Nordufer lagen. Und sie knüpften schließlich auch an den regionalen Kulten und Ritualen an und adaptierten sie entsprechend.

Wenn wir uns z. B. den Gehenkten der Koloman-Geschichte näher ansehen, entsteht zuerst ein Widerspruch zwischen todeswürdigem Verbrechen und anschließender landesweiter Verehrung. Entweder stimmt die Geschichte nicht, oder sie ist – aus Gründen der christlichen Zensur – falsch überliefert. Tatsächlich ist der vorgebliche Widerspruch ganz einfach aufzulösen: In „heidnischer" Zeit – und wer weiß, ob die schon vorbei ist – gehörte es zu den Ritualen in Wein- und Obstbaugegenden, zwecks guter Ernte, Abbilder verehrter Fruchtbarkeitsgötter in die Gärten zu hängen! So baumelten in den Bäumen und Hecken der Wachau wie andernorts kleine Statuetten von Bacchus bzw. Dionysos – und vor und neben den römischen Fruchtbarkeits-Heroen rundum die keltischen!

Der Holunderbaum (*Sambucus nigra*), der weniger ein Baum als ein (schnellwüchsiger) Strauch ist, ist zum Hängen erwachsener Menschen eher ungeeignet. Die uralte Heilpflanze begleitet jedoch die Menschen seit der Jungsteinzeit und beherbergt nach dem Volksglauben „gute Geister". Der Baum oder Strauch der Frau Holle bzw. der holden Bethen-Trinität wurde früher bewusst nahe der Häuser, der Stallungen und der Felder gesetzt, um zu schützen, Fruchtbarkeit und Heil zu gewähren. Und noch heute werden von Irland bis in die Alpen solche und ähnliche heilige Sträucher mit Bändchen, Bildern u. ä. behängt.

KÜMMERNIS
Prähistorische Frauenpatronin und Entkümmerin

Mit der so genannten „Heiligen Kümmernis" (auch Wilgefortis) hat die römische Amtskirche seit Jahrhunderten ihre liebe Not. Doch da sie aus dem Volksglauben nicht zu tilgen war, musste diese verwunderliche Beschützerin der Frauen je nach Zulauf geduldet bis integriert werden. Die starke Jungfrau (lat. *virgo fortis* = Wilgefortis) soll eine sizilianische oder portugiesische Prinzessin namens Liberata gewesen und um 130 dem Christentum beigetreten sein. Und weil die frommen Jungfrauen damals angeblich alle Jungfrauen bleiben wollten, bat die unsere ihren mythologischen Bräutigam Christus, sie durch einen Bart zu verunstalten bzw. ihm ähnlicher zu machen.

Der Heiland gewährte ihn ihr – den Bart – und Prinzessin Liberata war zufrieden. Nicht so der königliche Papa, dessen dynastische Überlegungen schamlos durchkreuzt waren. Der Mann tobte und ließ seine

pubertierende Tochter ans Kreuz nageln, damit sie ihrem himmlischen Bräutigam noch ähnlicher werden könne. Da hing sie nun volle drei Tage und predigte, auf dass das versammelte Volk sich an ihr ein Beispiel nähme und auch christlich würde – was bei der blutigen Reklame schließlich auch geschah, bis hin zu ihrem Vater.

Der König bereute und errichtete – da er ja nun eine eigene Familien-Heilige hatte – derselben eine Kirche samt Kreuzigungsskulptur von ihr. Vor dieser spielte später ein armer Bettel-Musikant auf seiner Geige. Dafür offerierte ihm die Gekreuzigte mit dem Bart einen ihrer goldenen (oder silbernen) Schuhe. Als der Jüngling darauf den Damenschuh „versilbern" will, wird er des Diebstahls bezichtigt. In höchster Not bittet er um einen Lokalaugenschein, bei dem ihm St. Hülferin als rettenden Beweis auch noch den zweiten Schuh zuwirft.

In den Ostalpen wird die sonderbare Wilgefortis oder Kümmernis besonders in Tirol und Südtirol verehrt. Doch ist sie auch andernorts unter vielen Namen aber in ähnlichem Habitus als Frau am Kreuz oder zwischen zwei anderen Frauen an Bäumen hängend (vgl. → Koloman) eine in West- und Mitteleuropa weit verbreitete und beliebte Schutzpatronin der Frauen und uralter Frauen- und Baum-Kultplätze.

Die der Kümmernis angedichtete Verwechslung mit gekreuzigten Christusfiguren im Ornat, wie z. B. im Dom zu Lucca – genannt Volto Santo (von lat. *vultus sanctus* = heiliges Antlitz, Gestalt) – ist weniger wahrscheinlich als eine absichtliche Rückkehr zur Vorstellung weiblicher Gottheiten mit weiblichen/mütterlichen Stärken. In diesem Licht sollten z. B. auch die legendären, hingegebenen Schuhe der Heiligen Kümmernis betrachtet werden, der einst sogar ihr lüsterner Vater nachgestellt haben soll: Sind doch Schuhe seit Jahrtausenden Fruchtbarkeits- und Sexualsymbole, eine alte Metapher für den weiblichen Schoß, für die Vulva, die der junge Mann mit der Geige von seiner Angebet(h)teten zum Geschenk erhält. (Wenn Sie zum nächsten Nikolaus-Tag Schuhe zur Aufnahme von Äpfeln und Nüssen bereitstellen, denken Sie auch an die Kümmernis!)

Wen mag es da noch wundern, dass die sagenhafte Heilige hauptsächlich für Fruchtbarkeit- und „Frauen-Angelegenheiten" zuständig war, bis hin zur Vermittlung eines passenden Geliebten. Als Votivgaben erhielt sie im Gegenzug wächserne, eiserne oder gar silberne Nachbildungen von Kröten(!), die vom Neolithikum bis ins Mittelalter die Gebärmutter symbolisierten („Bärmutterkröten"). In Bayern war die Kümmernis einst sogar eine Art weibliches Gegenstück zum omnipotenten Leonhard, kurzum ein „Weiber-Leonhard". Die römisch-katholische Kirche konnte jedenfalls nicht umhin, diese vorchristliche „Entkümmerin" der Frauen zu dulden – auch wenn man ihre Votivbilder, wo es nur ging, mit der Zeit abhängte, verbrannte oder zumindest in Depots versteckte. Trotz des umgehängten Bartes blieb die starke Jungfrau eine der vielen hartnäckigen Erscheinungsformen bewahrter (keltischer) Göttinnenverehrung.

LEONHARD
Fesselnder bayerischer Herrgott

Ein ganz besonderer „Ross-Heiliger" ist Leonhard, vulgo Löwenherz, → Bethen-Heros, Geburtshelfer und Patron der (Eisen- und Salz-) Bergleute, dem zu Ehren viele ostalpine Kirchen mit Ketten oder ähnlichem umgürtet sind. Dieser Patron wird nicht zufällig ganz nahe Samhain (1. November) gefeiert. Sein mythologischer Platz ist das große Fest zum keltischen Jahreswechsel. Und sein Pferd ist keines zum Reiten, sondern – wie das des anderen katholischen „Jahresschwellen-Hei-

ligen" → Stephanus – ein Symbol des Lichts und der Weisheit. Weiße Pferde waren unseren keltischen Ahnen bekanntlich orakelkundige „Mitwisser der Göttin". Und noch heute können sie (zumindest im „Volksglauben") zu Weihnachten oder Stefani nächtens reden und die Zukunft voraussagen.

Die spannende Vorausschau zum Jahreswechsel trug bei den Kelten natürlich kein Pferd vor, sondern der oberste Fili oder Vates, eben zu Samhain und an den dafür ausersehenen Versammlungsplätzen. Dabei hatte der Fili die versammelte Gemeinschaft mit seiner prophetischen Rede buchstäblich zu fesseln, eine spürbar enge Verbindung dieser Gemeinschaft herzustellen – ganz nach dem Vorbild seines Schutzpatrons → Ogmios, den göttlichen Heros der Redekunst. Von ihm gibt es sogar noch aus dem 15. und 16. Jahrhundert, nach dem Geschmack der Zeit auf Herkules und Hermes uminterpretierte, Darstellungen, in denen von seiner Zunge Ketten ausgehen, die in den Ohren seiner Anhänger enden und die er derart „gefesselt" hinter sich herzieht.

Und weil es um Sprache geht, hier auch noch die sprachliche Verbindung, die unsere Leonhard-Entschlüsselung vervollständigt bzw. passend mit den anderen Teilen verknüpft: *Slabrad* hieß auf Keltisch „Kette, Fessel, Bindung" und *Solabrad* „die fesselnde Rede, die Redegewandtheit".

Wo der Ersatz-Fili Leonhard heute den Platz- und Kirchenpatron abgibt, da stiegen bis fast ins Mittelalter die Samhain-Events, die Auftritte der keltischen Fili, die ihren Zuhörern vermittelten, wo's langging!

156

Der gute Leonhard hat seine Kette deshalb, weil er mehr als tausend Jahre nach Christus endlich Ogmios zu ersetzen und von jenen Plätzen zu verdrängen begann, wo offensichtlich bis dahin um diesen Samhain-Termin (1. November), dem keltischen Winterbeginn und Jahreswechsel, noch immer orakelhungrige „Heiden" ihren alten Glaubensvorstellungen und Ritualen anhängen konnten.

Daneben galt der Ersatzmann eines alten Bergmutter- → Borbeth-Heros auch als ausgewiesener Geburtshelfer. Kein Wunder, dass der christliche Schutzpatron dafür auch als löwenstarker inoffizieller Nothelfer, ja sogar als omnipotenter Landesheiliger bis hin zur Rolle als „bayerischer Herrgott" angebet(h)et wurde und wird.

MARIA
Gottesmutter und Muttergöttin-Ersatz

Bevor das Christentum im 4. Jahrhundert endgültig zur Staatsreligion des Imperiums wurde, war Maria – entsprechend der Rolle der Frau im Römischen Reich – kaum Gegenstand besonderer Verehrung oder Auseinandersetzung gewesen. Erst als es galt, die Untertanen der Kaiser „auf Teufel komm raus" katholisch zu machen, denen ja nun alle anderen Kulte bei Todesstrafe verboten waren, wurde es notwendig, sich in gewisser Weise auch den religiösen Vorstellungen jener anzupassen, die nach wie vor an dominanten weiblichen Gottheiten orientiert waren und von ihren Muttergöttinnen (Kybele, Isis, Artemis usw.) nicht lassen wollten. Hier musste für passenden „Ersatz" gesorgt werden, der den „Heiden" halbwegs vertraut und mit dem Christentum einigermaßen kompatibel war.

Für diesen „Spagat" hatte schließlich – vom Osten des Reiches ausgehend – die legendäre Mutter Jesu, Mirjam oder Maria („Gottes Geliebte"), herzuhalten. Wesentlich erschwert wurde die Sache durch die heftigen Rivalitäts- und Machtkämpfe der verbissen miteinander konkurrierenden katholischen Kirchenfürsten um die wahre Auslegung der Heiligen Schrift, in denen besonders die Patriarchen von Konstantinopel, Alexandria, Antiochia und Rom heftig aneinander gerieten. Wie zuerst über die Natur Christi (Gott, besonderer Mensch, erst Mensch dann Gott usw.), stritten sie zu Beginn des 5. Jahrhunderts über die Natur Mariens (Gottes-Gebärerin oder „nur" Christus-Gebärerin) so wütend, dass sie sich nicht nur gegenseitig exkommunizierten, sondern in ihrem Streit auch die ideologische Basis des Römischen Reiches und damit die Einheit des Staates gefährdeten.

Der Streit eskalierte vollends im Jahr 431, als ein von Kaiser Theodosius II. einberufenes Konzil dogmatische „Klarheit" zum Thema Gottesmutter Maria schaffen sollte, zu dem justament ins ehemalige Zentrum des Kultes der kleinasiatischen großen Muttergöttin Artemis, nach

Ephesos, der Hauptstadt der Provinz Asia, eingeladen worden war, wo die ansässige Christengemeinde schon seit einiger Zeit ganze Arbeit geleistet hatte, indem das Artemision, der prachtvolle Tempel der großen Muttergöttin Artemis, dem Erdboden gleichgemacht und das Museion, die hohe Schule der antiken Großstadt, zur ersten Marien-Kirche der Welt umfunktioniert worden war.

Der einst ehrwürdige Hort der Philosophie wurde zum Schauplatz wüstesten Streites, der damit endete, dass sich nach monatelangen Kämpfen von rund 200 – in Konzil und Gegenkonzil gespaltenen – Bischöfen unter Einsatz riesiger Bestechungssummen die Gottes-Gebärerin-Fraktion durchsetzte und das bis heute gültige Dogma verkündete, Maria sei tatsächlich *Theotokos* (= Gottes-Gebärerin) gewesen. – Womit aus der ehemaligen „Magd des Herrn" (*Ancilla Domini*) de facto die Gottes-Mutter und „Himmelskönigin" des Staatschristentums geworden war.

Mit dem Streich von Ephesos waren – vorerst im Osten des Römischen Reiches – nicht nur die alten „heidnischen" Muttergöttinnen deklassiert worden. Das Christentum hatte sich mit seiner Gottes-Mutter schlicht selbst eine (verkappte aber auch nützliche) „Mutter-Göttin" verpasst. Wie in allen fundamentalistischen Fragen beeilten sich insbesondere die Bischöfe der sonst „kaiserlosen" Kaiserstadt Rom, auch zur neuen Himmelskönigin die eigene überragende Bedeutung herauszustellen. So glänzte die ehemalige Hauptstadt des Imperiums, mit dem Bischof als obersten Stadtherren an der Spitze, bereits ab dem Jahre 440 mit einer besonders prächtigen Marien-Kirche, Santa Maria Maggiore, die zum Teil noch im Original erhalten ist und heute eine der vier Patriarchal-Basiliken Roms darstellt.

Von Rom aus war es allerdings noch ein weiter Weg bis Mariazell, bis Maria als Muttergöttin-Ersatz auch im weiten Bereich der Ostalpen Fuß fassen konnte. Hier, im unmittelbaren Einflussgebiet der keltischen → Bethen-Trinität, mussten zuvor zahlreiche andere „Ersatz-Göttinnen" der Staatsreligion mühsam den Boden bereiten. Der Einstieg dazu erfolgte ursprünglich an den schon den ortsansässigen Kelten heiligen Orten: Steine, Berge, Quellen, Bäume, Kreuzungen u. a. ehemals „heidnische" Kultplätze und Wallfahrtsziele, die durch einen (oft sehr oberflächlichen) Wechsel der SchutzpatronInnen bei annähernd gleichbleibender mythologischer Funktion okkupiert, also pro forma „christianisiert", wurden.

Für diesen Einsatz stand in den Ostalpen zuerst über Jahrhunderte nicht Maria in der ersten Reihe, sondern die schwach modifizierte alte → Bethen-Trinität selbst – die im Laufe des Mittelalters in den über den alten Kultplätzen errichteten Kirchen durch die „Heiligen Drei Madln", also → Katharina, → Margaretha und → Barbara (K+M+B), ausgetauscht wurde. Damit stand bereits geraume Zeit die ursprüngliche Frauen-Trinität mit der alten Symbolik in Gestalt von K+M+B auf den

Altären, bis es dort endlich gelingen sollte, die zentrale Nothelferin der Gebärenden und Nachfolgerin der keltischen Fruchtbarkeits- und Muttergöttin Ambeth, die heilige Margaretha, durch Gottesmutter Maria zu ersetzen.

Die Mutter-Sohn-Beziehung, Mutter Gottes : Gottes Sohn, entsprach zwar in Teilen dem vertrauten Schema der (ewig „jungfräulichen") Muttergöttin und ihrem Heros-Sohn, doch mit dem kleinen großen Unterschied, dass die „heidnischen" Heroen auch die (temporären) Geliebten ihrer Mütter gewesen sind. Was die handfeste erotische Komponente des keltischen Glaubens (und Rituals) betraf, musste das leibfeindliche Christentum mit seiner Magna Mater passen. („Das Christentum gab dem Eros Gift zu trinken; er starb nicht daran, aber er entartete zum Laster!" Friedrich Nietzsche.)

Dessen ungeachtet besetzte „Gottesmutter" und „Himmelskönigin" Maria im Laufe der Zeit die wichtigsten Positionen in der mythologischen Zuständigkeit: im christlich gewendeten „heidnischen" Brauchtum der Ostalpen, in den Festen im Jahreskreis, in der sakralen Infrastruktur (Kultplätze und Wallfahrtsziele). Doch bei näherem Hinsehen wird allüberall der alte keltische Hintergrund sichtbar.

NIKOLAUS
Vom Heros über Leben und Tod zum bärtigen Kinderfreund

Ein „mythologischer Bruder" der „christlichen Heroen" → Georg und Michael ist der zum Kinderfreund verharmloste Nikolaus, ehemals lykischer Wasser- und Fruchtbarkeits-Heros. Selbst die Legende vom frommen Bischof aus Myra enthüllt diesbezüglich mehr als sie verbergen könnte. Der spätere Bischof Nikolaus soll nämlich justament in Patara geboren worden sein, dem ursprünglichen Ausgangspunkt des Apollon-Kultes. Und tatsächlich ist Nikolaus, dessen Name auch mit Nix und Nöck verwandt ist, ein kultischer Erbe des Apollon und seiner großen Mutter Artemis/Diana, der in den Ostalpen im Gefolge der Kreuzzüge als Ersatz für einen Heros der drei → Bethen – von wegen 3 „Jungfrauen" – eingesetzt wurde.

Nikolaus' angeblicher Geburtsort Patara war in der Antike eine Großstadt am kleinasiatischen Mittelmeerstrand und Haupthafen Lykiens. Wo sich heute noch eher wenige Touristen tummeln, war damals der bereits angesprochene mythologische „Bauchnabel" der Apollon-Verehrung, mit einem berühmtem Orakel und einem ebenso berühmten Hauptfest im Dezember. Der ostalpine Gabenbringer wurde daher sicher mit voller Absicht in die großen Fußstapfen des antiken Licht-, Weisheits- und Heilergottes Apollon gestellt, den Caesar mit dem keltischen → Belenus verglich.

Die drei(!) goldenen Äpfel auf dem Bethen-Buch des Nikolaus sind ein-

drückliche Symbole der Muttergöttinnen-Trinität und die Äpfel des ewigen Lebens, die auch andere Heroen – von Herkules bis Arthus – immer wieder zu erringen trachteten. Der Sack des Bethen-Heros ist nur ein anderes Symbol für den Kessel der Fülle und der Wiedergeburt, die unerschöpfliche Matrix der Urmutter, zu der ihre Hüter, die Heroen und Sohngeliebten der Muttergöttin, ihre eigenen fruchtbaren „Beutel" und „Butten" (zwei umgangssprachliche Begriffe für Hoden) zugesellen durften. Und auch die damit unmittelbar verbundene, Fruchtbarkeit verheißende, Rute (vgl. Barbarazweig) trug Nikolaus vor seiner makaberen Paarung mit dem christlichen Teufel (vulgo Krampus) selbst.

Nikolaus hat sich aber nicht nur im ostalpinen Brauchtum etabliert. Er war in erster Linie einer der frühesten Dompteure verteufelter „heidnischer" Gottheiten und ihrer heiligen Stätten. Wo heute in den Ostalpen Nikolauskirchen stehen, waren zur Keltenzeit zumeist bedeutende – → Belenus, → Juvenat oder → Apfalter geweihte – Kultplätze, bei denen es um die (buchstäblich überlebenswichtigen) Themen Fruchtbarkeit und ewiges Leben ging.

Wobei Nikolaus, ähnlich Michael oder → Christophorus und insbesondere dem keltischen gehörnten Andersweltheros → Cernunnos, auch die Rolle eines schützenden Begleiters der Seelen der Verstorbenen und Garant für ihre Wiedergeburt zufiel. Noch heute bittet Nikolaus auf hunderten Altarbildern die „Heilige Dreifaltigkeit", die nunmehr allerdings in männlicher Form dargestellt wird, um die Auferstehung diverser von ihm präsentierter Leichname. Weil an den schiffbaren Gebirgsflüssen der Ostalpen auch viele ertrunkene Schiffleute darunter waren, fiel dem mythologisch-etymologischen Zwillingsbruder des *Nix* mit seiner Wasser-Komponente auch gleich deren Schutz, und vor dem Johannes aus Nepomuk auch die Obhut über die Brücken, zu.

NOTBURGA
Domestizierte Korngöttin Süddeutschlands und der Ostalpen

Die vor Not schützende heilige Notburga trägt zwar einen (althoch-) deutschen Namen, doch ihre mythologischen Wurzeln gehen allem Anscheins nach bis in die Jungsteinzeit zurück, als unsere Vorfahren sesshaft wurden, sich dem Ackerbau und der Nutzviehhaltung widmeten und eine nährende Große Erd-Muttergöttin verehrten. Bevor wir uns jedoch Notburgas göttlichen neolithischen Vorgängerinnen zuwenden, sehen wir uns zuerst im Ostalpenraum und in Süddeutschland um, was sich da alles an Notburgen versammelt hat, was die heiligen Frauen unterscheidet und vor allem: was sie verbindet, miteinander und mit der nährenden Großen Erdmutter, als Bürginnen gegen die Not.

Die den Ostalpen nächstgelegene Notburga ist die so genannte Notburga von Rattenberg in Tirol. Sie soll dort um 1265 geboren und zu einem Leben als Magd bzw. Landarbeiterin verurteilt gewesen sein, bevor sie in Eben am Achensee verschied und mit ihrem angeblichen Grab eine große Wallfahrtstätte begründete.

Diese Notburga war wegen ihrer Freigiebigkeit bei den Armen beliebt, denen sie gerne Brot zusteckte. Ihren Dienstgebern verursachte sie andererseits vielfachen Ärger. Zu Zeiten, als es noch lange keine Gewerkschaften gab, soll sie es z. B. gewagt haben, sich einer Verlängerung ihrer täglichen Arbeitszeit zu widersetzen. Als sie einst gezwungen werden sollte, nach Feierabend die Erntearbeit fortzusetzen, hängte sie, statt brav zu gehorchen, demonstrativ ihre Sichel beiseite. Und da sich auf dem Kornfeld kein Nagel fand, nahm sie dafür kurzerhand einen Strahl der untergehenden Sonne.

Die heilige Notburga mit Ähre und Sichel, dem verbindenden Element für Licht, zyklische Fruchtbarkeit und Erntesegen. Votivbild in der Wallfahrtskirche „Mariä Heimsuchung" in Birkenberg, Telfs. Foto: Berit Mrugalska.

Eine weiter heilige Notburga soll am Neckar gelebt haben: Notburga von Hochhausen. Diese Notburga, derer sich auch die Gebrüder Grimm annahmen, war der Legende nach entweder die Tochter des örtlichen „Königs" von Hornberg am Neckar, oder gar die des Merowinger-Königs Dagobert II. von Austrasien (= der östliche Teil des Frankenreichs). In beiden Fällen sollte die fromme Prinzessin gegen ihren Willen mit einem „heidnischen" Barbarenhäuptling verheiratet werden. Da sich das aber eine „Braut Christi" nicht bieten lässt, bleibt jeweils nur die Flucht – per weißen Hirsch – in eine abgeschiedene Höhle.

Notburgas wütender Vater stöbert die Geflohene jedoch auf, will sie aus der Höhle zerren, reißt ihr den gefassten Arm aus und verschwindet mit dem makabren Souvenir. Da kommt eine wunderbare Schlange mit Heilkräutern und versorgt die Verstümmelte. Die Genesene lehrt den Anrainern und Kriegern des Königs danach den Ackerbau und wird von diesen schon zu Lebzeiten als Heilige verehrt. Als Höhlenbewohnerin Notburga stirbt, tragen Engel ihre Seele gen Himmel, während sich zwei weiße Stiere um die Leiche kümmern und sie zur Bestattung dort hinbringen, wo heute unter dem Schloss Hornberg die Pfarr- und ehemalige Wallfahrtskirche von Hochhausen am Neckar steht.

Eine dritte Notburga, die Notburga von Bühl im Klettgau, soll gar eine Königin aus Schottland gewesen sein, die dort nach dem Tod ihres Gatten Alboin (Lebensdaten unbekannt) vertrieben wurde und justament in den Schwarzwald kam, um hier im Einflussbereich des Klosters Rheinau – heute zur Schweiz gehörig – am 24. Juni 820 neun (!) Kinder gleichzeitig zur Welt zu bringen – wobei eins der Schottenkinder tot geboren wurde.

Weil es am Geburtsort kein Wasser zum Taufen der Königskinder gab, soll Mutter Notburga, künftige Patronin des Klettgaus, mit einem Stab einen Felsen berührt haben, worauf sich sofort eine heilige Quelle ergoss. Prompt errichtete die kinderreiche Notburga am neuen Kultort eine Schule, eine Herberge und eine Kapelle, die der Bischof von Konstanz weihte, nachdem er im Jahre 832 herbeigeeilt war, um Notburgas acht verbliebene Kinder zu firmen. Nach Notburgas Ableben soll ihr Grab in Bühl bald ein beliebtes (und für das Kloster Rheinau lukratives) Wallfahrtsziel geworden sein. Wobei sie insbesondere von schwangeren Frauen als Patronin für problemlose Entbindungen und Mehrlings-Geburten kontaktiert wurde.

Nachfahrin der nährenden Großen Erd-Muttergöttin: die heilige Notburga, Volksheilige Tirols. Gemälde in der Kirche von Eben.

Die Rattenberger Notburga, deren Verehrung in den Ostalpen bis nach Slowenien verbreitet ist, legt in ihrer Symbolik Bezüge zu uralten Erdmüttern, Mond-, Vegetations- und Ackerbaugöttinnen bloß. Ihre Sichel ist das verbindende Element für Licht, zyklische Fruchtbarkeit und Erntesegen. Was das Element Erde selbst betrifft, fiel es seit 1718 als Heilmittel in Eben am Achensee an, als man dort Notburgas Grab suchte und angeblich auch fand. Das Skelett, das man dabei ausgrub und auf den Hochaltar der Wallfahrtskirche stellte, soll allerdings männlich sein.

Die Notburga von Hochhausen reicht vermutlich ebenso bis in die Steinzeit zurück. Höhle, Schlange, Hirsch (-Kuh) und Stier sprechen mythologisch eine deutliche Sprache: Die Schlange ist das älteste Kennzeichen der Großen Erdmutter, Symbol für das ewige Leben im ununterbrochenen Kreislauf von Geburt – Tod – (Wieder-) Geburt. Die Hirschkuh stammt als Symbol der Göttin noch aus der Zeit der steinzeitlichen Jäger und Sammler. Der Hirsch war den Kelten das Symbol für → Cernunnos, den Heros der Muttergöttin und in ihrem Auftrag Herr der Tiere und der Anderswelt. Der Stier symbolisiert schließlich die strotzende Kraft des fruchtbaren Heros und Sohngeliebten der Göttin.

Mit der „schottischen" Notburga von Bühl, angebliche Witwe eines Fürsten Albion, schließt sich der Kreis. Bei ihren neun (3 x 3) Kindern geht es einerseits um die menschliche Fruchtbarkeit, andererseits um den damit in magischer Verbindung stehenden Mond. Nach Plutarch bezeichneten die ägyptischen Priester den Mond – in den meisten Sprachen übrigens weiblich, also: die Mond – als Mutter des Universums. Mond war zumeist gleichbedeutend mit Gottheit, Mutter, Seele, Verstand. Mond und Schöpfergöttin waren in vielen Kulturen ident. Die Priester der dreifachen Erdmutter und Getreidegöttin Demeter (De-Meter), Göttin der Fruchtbarkeit und des Ackerbaus, wurden auch als „Söhne der Mondin" angesprochen.

Als Trinität trat Demeter – deren Kult starken Einfluss auf das Früh-Christentum hatte – sowohl zusammen mit Io (die weiße Kuh) und Hera auf, als auch in Gestalt von Kore (Mondjungfrau und Kornmädchen), Persephone (Göttin des Wachstums) und Hekate (Göttin der Nacht und Bauch der Erde), die wiederum auffällige Parallelen mit den drei → Bethen → Wilbeth, → Ambeth und → Borbeth hatten. Wobei gerade die „schottische" Notburga von Bühl auch der irischen Muttergöttin Brigid auffällig nahe ist: Notburga wird in Bühl am 26. Jänner gefeiert, die inselkeltische Brigid sechs Tage danach, zu Imbolc, am 1. Februar.

Apropos Insel-Kelten: Albion dürfte vermutlich nicht der Name von Notburgas Gatten gewesen sein, sondern einer ihrer vielen eigenen. Albion, eine keltische Bezeichnung für die Britischen Inseln, ist nämlich weiblichen(!) Geschlechts und bedeutete soviel wie „milchweißes Rind" bzw. „Mondgöttin". Über den Mond schließlich noch zum Kalender: Nach den Notburga-Festtagen 13., 14. und 15. September folgt bekanntlich der 16. September – und der war bis ins späte 20. Jahrhundert der offizielle katholische Festtag für Wilbeth, Ambeth und Borbeth. (Alles dem ehemaligen herbstlichen Termin der großen Mysterien der Demeter nahe, die im Römischen Reich der Nährpflanzen- und Ackerbaugöttin Ceres, Schutzgöttin der Ehe, entsprach.)

OSWALD
Iroschottischer Ersatz für Taranis und Lug

Oswald kam mit Hilfe iroschottischer Missionare in den Ostalpenraum, wo er offensichtlich großen Anklang fand und vor allem in die mythologischen Fußstapfen von Lug und Taranis trat. Der historische Oswald war Sohn und Nachfolger des angelsächsischen Königs Aethelfriths von Northumbria, den er nach einem Exil in Schottland um 634 beerbte. Oswald stand seit früher Jugend unter dem Einfluss der Kleriker der Abtei von Iona, die von Columban dem Älteren auf den schottischen Hebriden gegründeten worden war, und von der aus die keltischen Länder des europäischen Festlandes auf einer Art „keltischem Weg" mehr oder weniger erfolgreich „missioniert" wurden.

Neben dem historischen Oswald, welcher wegen seiner Förderung der – damals noch nicht von Rom abhängigen – christlichen Kirche Northumbriens (u. a. Klostergründung Lindisfarne) zum Heiligen avancierte, etablierte die Legende einige Abarten Oswalds, die eher diverse keltische Heroen als einen angelsächsischen König beschreiben. Als Heiliger ist Oswald unter anderem Schutzpatron der englischen Könige, des Wetters, des Viehs und der „Schnitter", die die Korn-Ernte einbringen. Zur Befriedigung der „keltischen Volksseele" in den, auch mit seiner Hilfe, „mis-

Verkörpert in seinen Legenden einen Herrn über Leben und Tod: Der heilige Oswald. Der Rabe war bei den Kelten Symboltier des Fruchtbarkeitsheros Lug. Darstellung in der Saint Oswald's Church, Hartlepool, England.

sionierten" Ländern und zur „Begründung" seiner Kompetenzen (und seiner urkeltischen Symbole), wurden ihm zum Teil wilde Geschichten zugeschrieben.

So soll zu Oswalds Lebzeiten ein Heidenkönig namens Aron gelebt haben, dessen schöne Tochter Paimg unser Christenkönig gerne geheiratet hätte. Da Aron aber seine Tochter selbst begehrte, ließ er allen Freiern den Kopf abschlagen! Der kluge Oswald gab daher seine Bewerbung lieber nicht persönlich ab, sondern schickte dazu einen Raben. Nun wäre es dem Raben, der prompt gefangen wurde, schlecht ergangen, hätte ihn nicht die begehrte Tochter aus Vaters Fängen befreit und ihn mit dem Auftrag zurückgeschickt, Oswald solle sie mit einem großen Heer holen und dazu einen Hirsch und den Raben mitführen.

König Oswald fiel darauf wie gewünscht mit Heer und Hirsch in Arons Reich ein und hinterließ dabei 30.000 tote Helden auf dem Schlachtfeld. Als der Christenkönig sie aber kurzerhand alle wieder zu neuem Leben erweckt, ist Aron überzeugt und gibt dem Eindringling seine Tochter Paimg zur Frau. An Oswalds Hof erscheint dann noch Christus selbst in Pilgerverkleidung, doch auf diesen Aspekt gehen wir nicht näher ein, um zum keltischen Kern zu kommen. Oswald verkörpert in seinen Legenden nämlich recht deutlich einen keltischen Heros und Herrn über Leben und Tod. Dazu passt natürlich der (sonst unmotivierte) Hirsch, das Symboltier des → Cernunnos, des Herrn der Tiere und der keltischen Anderswelt, wo die Seelen der verstorbenen Kelten auf ihre Wiedergeburt warten. Der Rabe ist ein uralter „Götterbote" und hier Symbol des Licht- und Fruchtbarkeitsheros → Lug und des Tod- und Wiedergeburts-Aspektes der keltischen Frauen-Trinität.

Oswalds Festtag, der 5. August, liegt nahe Lugnasad (1. Aug.) und deckt sich mit dem Festtag für Afra und für Maria Schnee, einer Variante der „Frau Holle", als die große Muttergöttin noch selbst das Wetter braute, bevor sie damit Atmosphäre-Heroen wie → Taranis und Co. beschäftigte. Mit dem zugewiesenen Bündel an Eigenschaften und Bedeutungen (Wetter-, Ernte-, Viehpatron) eroberte Oswald jedenfalls im Dienste des Christentums über die Jahrhunderte die ostalpinen Kultplätze seiner hiesigen „keltischen" Vorfahren.

Keltisch ging es zuletzt auch mit Oswalds Kopf zu. Der kam, nach dem Heldentod des Besitzers an der walisischen Grenze, zuerst in die Abtei Lindisfarne. Er soll später von den Angelsachsen zu den Niedersachsen gewandert und heute als Trophäe im Dom zu Hildesheim verwahrt sein. (Ein Privileg, das u. a. auch Echternach und Paderborn für sich beanspruchen.)

PETRUS
Bethenvertreiber und Wettermacher

Ursprünglich kannte das Christentum nur einen Herrn, Gott, aber darüber hinaus keine Kirchen-Hierarchie. Das änderte sich allerdings bis ins 4. nachchristliche Jahrhundert höchst nachhaltig, besonders als sich Kaiser Konstantin mit Hilfe des organisierten Christentums und seiner Soldateska anschickte, die absolute Alleinherrschaft über das Imperium an sich zu reißen. Nun waren Funktionen im katholischen Klerus mit Macht und Reichtum verbunden – und mit einem erbitterten Kampf um noch mehr desselben. Nach dem despotischen Vorbild des Kaisers sollte es auch ein „kirchliches Oberhaupt" geben. Dazu brachten sich die Anführer der christlichen Zentren von Jerusalem, Alexandria, Antiochia, Konstantinopel und Rom in Stellung, die mit allen möglichen und unmöglichen „Begründungen" verbissen um die Vorherrschaft im Gefüge der künftig alleinherrschenden Staatsreligion stritten.

Besonders taten sich bei diesem Kampf die machtbewussten Bischöfe der ehemaligen – und ersten – Kaiserresidenz Rom hervor. Hatte doch Konstantin seinen Thron an den Bosporus verlegt und damit indirekt die Herrschaft über die Ewige Stadt, dem ehemals glorreichen Mittelpunkt des Imperiums, zur Disposition gestellt. Da ging es „nur" noch um passende „himmlische Zeugen" für den Anspruch des „obersten Römers" auf kirchliche (und später auch weltliche, ja universelle) Oberherrschaft. Jesus selbst war dazu wegen seines geographisch eingeschränkten Wirkens nicht geeignet – wohl aber der von ihm (nicht) eingesetzte „Stellvertreter" Simon Petrus, der in den Aufzählungen der „Jünger" immer an erster Stelle genannt wurde.

Zwar sagt das Neue Testament dazu nichts aus, doch wer kann schon das Gegenteil beweisen. Also kam der „Apostelfürst" Petrus (der mit den Himmelsschlüsseln) nach Rom, um dort eigenhändig die erste Christengemeinde zu gründen und als deren Oberhaupt zu wirken. Somit musste dann jeder Nachfolger in dieser Funktion direkter Nachfolger des Apostelfürsten und damit selbst oberster Kirchenfürst sein.

Nein, mit den Kelten hat das nichts zu tun, aber mit Chuzpe! Und die war dann auch bei der Missionierung der Kelten gefragt. Das ging z. B. soweit, dass selbst phonetische Ähnlichkeiten zu durch den Zweck geheiligte Mittel wurden. So geriet konkret St. Peter zum christlichen Platzhalter an uralten Bethen-Kultplätzen der Ostalpen. Und – fast „in einem Aufwasch" – wurde dem (per Bindemagie) „Herrn über das himmlische Tor" auch Gewalt über das Wetter zugesprochen – was schließlich wunderbar zur hartnäckigen Fehldeutung passte, dass der ostalpine Atmosphäre Heros Taranis unseren Ahnen „Herr des Himmels" gewesen sei.

STEPHANUS
Umstrittene Alternative für Lug und Sol invictus

Stephanus (sinngemäß etwa „Der mit dem Lorbeer Bekränzte") war im Kern vermutlich eine historische Person, die einem verbissenen internen Fraktionskampf der „Urchristen" in Jerusalem zum Opfer gefallen sein könnte. Seine wegen religiöser Auffassungsunterschieden betriebene Ermordung per Steinigung wurde schnell und in bewährter Manier den bösen Juden untergeschoben, und er selbst zum ersten „Blutzeugen" und „Erzmärtyrer des Christentums" hochstilisiert.

Während Stephanus in Jerusalem als einer der ersten Diakone (Bischofs-Gehilfen) der „Urchristen" eine Rolle gespielt haben mag, hat seine „Einführung" im christlichen Abendland ab dem 5. oder 6. Jahrhundert nichts mehr mit einer fassbaren Person zu tun. Zu dieser Zeit ging es – insbesondere in den Kaiserresidenzen Konstantinopel und Rom bzw. Mailand – schon längst um weit größere Machtkämpfe, um die Vorherrschaft in der (fast) „allmächtigen" katholischen Staatskirche und um passend einsetzbare Propagandahelden samt ihrer (angeblichen) Gebeine (Reliquien).

Für diesen Spezialeinsatz eignete sich Stephanus, das erste fassbare Mordopfer der „Urkirche", bei zurechtgerückter Märtyrerlegende nicht zuletzt auch wegen seines Namens, der ihn zum passenden Apollon-Ersatz machen sollte. War doch der Lorbeer die heilige Pflanze des griechischen Licht-, Weisheits- und Heilergottes Apollon gewesen, und die (im Frühchristentum ursprünglich verpönte) „Lorbeerkrone" ein

Zeichen siegreichen Triumphes. So kam es im konkreten Fall, dass der Legende nach eine römische Senatorenwitwe aus Konstantinopel nach Jerusalem gefahren sein soll, um die Gebeine ihres verstorbenen Gatten ins hellenistische „Ost-Rom" zu überführen. Dabei habe sie aber den falschen – und doch goldrichtigen – Sarg mit den Reliquien des ersten christlichen Märtyrers, des Stephanus, erwischt, der dann als Ersatz-Apoll „ganz zufällig" die Auserwähltheit der Kaiser und Patriarchen Konstantinopels (vor Jerusalem und Rom) bezeugte.

Das ließ aber natürlich umgekehrt die Patriarchen/Bischöfe der alten „Welt-Hauptstadt" Rom nicht ruhen, sich den vom Opfer zur symbolträchtigen Lichtgestalt mutierten Stephanus selbst unter den Nagel zu reißen. Sie ließen daher durch ihre gelehrten Schreiberlinge die noch haarsträubendere Geschichte erfinden, dass ein böser Geist in die (fiktive) Tochter Eudoxia des Kaisers Theodosius I. (379–395) gefahren sei, und erst

„Wettermacher" Petrus mit dem Schlüssel zum Himmelreich. Holzschnitt von Hans Baldung Grien, Straßburg, um 1519.

dann aus ihr weichen wollte, wenn die Reste des neuen Apollons nach Rom verschifft würden, was – wie das Ökumenische Heiligenlexikon beschreibt – „425 ausgeführt wurde, worauf ihre Heilung erfolgte" – obwohl zu der Zeit Theodosius I. schon 30 Jahre tot war. Wahrscheinlich wurde die Stephanus-Karte in Konstantinopel ohnehin zu Zeiten Kaisers Theodosius II. (408–450) ausgespielt, der eine Frau namens Eudokia gehabt haben soll.

Die angehenden „Päpste" in Rom reklamierten jedenfalls Macht und Ruhm des lorbeerbekränzten „Erzmärtyrers" seit ca. 560 für sich: Da soll er in der Krypta von San Lorenzo *fuori le mura* (außerhalb der Stadtmauer) in den Sarg des heiligen Laurentius zu diesem dazugelegt und so auch gleich zum zweiten Stadtpatron Roms geworden sein. Umgekehrt galt Stephanus als eine Art Geheimwaffe gegen die arianischen Ostgoten, die mittels Bündnis zwischen Papst und oströmischem Kaiser aus Italien vertrieben werden sollten.

169

Das war zu Zeiten des Kaiser Justinians (527–565), der im Jahre 553 auf dem Konzil von Konstantinopel u. a. bestimmt hatte, dass Weihnachten und die Geburt Christi ab sofort am bisherigen Geburtstag der unbesiegbaren Sonne (*sol invictus*), am 25. Dezember, zu feiern sei. Für den Tag darauf, den 26. Dezember, setzte er schließlich Stephanus ein – was bei den Kelten außerhalb Italiens nur ankommen konnte, wenn der Heilige mit ihrem uralten Jahreswechsel-Brauchtum verbunden wurde, in dem insbesondere (weiße) Pferde als orakelkundige Mitwisser der Göttin eine augenfällige Rolle spielten.

In diesem Sinne wurde schließlich Stephanus bei uns als → Belenus- und → Lug-Ersatz gehandelt und aufs (Sonnen-) Pferd gesetzt. Und derart erhöht besetzte er standesgemäß bald die wichtigsten Licht-kultorte der Ostalpen und im

Keltische Kultplätze wurden in seinem Namen christianisiert: der heilige Wolfgang. Holzschnitt, 16. Jahrhundert.

Donauraum – über Passau bis hin nach Wien zum Stephansdom. Hatte sich Bonifatius bei Papst Gregor III. noch über „heidnische" Pferde-opfer zum Jahreswechsel beschwert, so half Stephanus nun, den winterlichen Feuer- und Orakel-Bräuchen unserer Urahnen das aus Sicht der römisch-katholischen Kirche dringend erforderliche Zaumzeug anzulegen.

WOLFGANG
Besitzansprüche zum Steine erweichen

Den heiligen Wolfgang hat es wirklich gegeben. Er lebte im 10. Jahrhundert und war von 972 bis zu seinem Tod 994 Bischof von Regensburg. An seiner späteren Verbindung zu tausenden keltischen Kultplätzen – vom kleinsten „Spurstein" (Schalenstein) bis zum größten Kultzentrum (z. B. dem am Falkenstein bei St. Gilgen) – war er selbst relativ unschuldig. Das besorgten geschäftstüchtige Kleriker späterer Jahrhunderte, die in Wolfgang ein ideales Instrument sahen, unter Zuhilfenahme haarsträubender und steinerweichender Legenden, in seinem

Namen – der sich übrigens aus Wolf und Gankerl, einer Umschreibung für Teufel zusammensetzt – abenteuerliche Besitzansprüche zu stellen und auf ehemals keltischen Kultplätzen profitabelste Wallfahrtsindustrien europäischer Dimensionen zu errichten. Vielleicht war es eine Art „Rache" für Wolfgangs Klosterreformen? Mit einer solchen hatte er die großen Domklöster seiner Diözese „beglückt", die ursprünglich bis Böhmen reichte. Und in diesen Genuss kamen auch kleinere Klöster wie das von Mondsee, in dem sich Bischof Wolfgang versteckt hatte, als im Jahr 976 Kaiser Otto II. auf einem Reichstag in Regensburg, der Residenzstadt Baierns, Herzog Heinrich absetzte und das mächtige Herzogtum zerstückelte. (Aus einem Teil Baierns, mit dem der Babenberger Liutpold belehnt wurde, entstand später Österreich.)

Keltische Kultplätze wurden mit seiner Hilfe zu Zentren profitabler Wallfahrtsindustrien: der heilige Wolfgang.

Auf Teufel komm raus stellte gerade das Kloster Mondsee abenteuerliche Gebietsansprüche gegenüber dem Erzbistum Salzburg, und nicht nur die uralten Schalen- und Spursteine, sondern auch viele heilige Quellen sollten nun die wunderbare Anwesenheit und Missionstätigkeit „ihres" heiligen Wolfgangs an diesen Stellen und damit die Eigentumsrechte „beweisen". Der ehemalige „Chef" hätte es schließlich selbst vorgemacht, und auf den später nach ihm benannten Ort St. Wolfgang – auf „germanische" Art durch symbolischen Beilwurf – Besitzanspruch angemeldet. Die Unheil abwehrenden „Wolfgangihackln" im Miniformat verkauften sich ironischerweise fast so gut wie das in St. Wolfgang feilgebotene spezielle „Augenheilwasser" in den dafür kreierten „Wolfgangiflascherln". Für das mittelalterliche Kloster Mondsee bedeutete das ein Zubrot von jährlich 15–20.000 Dukaten! Auch im Windschatten der keltischen Mythologie galt: *Pecunia non olet!* („Geld stinkt nicht!")

171

Anhang

Literatur

Associazione Nazionale per Aquileia (Hg.), Aquileia, Kreuzweg des Römischen Imperiums, Wirtschaft, Gesellschaft, Kunst, Dokumentarausstellung zur Geschichte von Aquileia, Texte der Bildtafeln der Ausstellung, Aquileia o.J. (2006)

Hans Bächtold-Stäubli (Hg.), Handwörterbuch des deutschen Aberglaubens, (Reprint der Originalausgabe 1927–1942 in zehn Bänden) Augsburg (Weltbild) 2005.

Freistaat Bayern, vertreten durch die Prähistorische Staatssammlung München, und Land Salzburg, vertreten durch das Amt der Salzburger Landesregierung (Hg), Die Bajuwaren, Von Severin bis Tassilo 488–788, (Katalog für die) Gemeinsame Landesausstellung des Freistaates Bayern und des Landes Salzburg, Rosenheim/Bayern, Mattsee/Salzburg, 19. Mai bis 6. November 1988, o.O. 1988.

Sylvia und Paul F. Botheroyd, Lexikon der keltischen Mythologie, München (Diederichs) 1996. Neuauflage unter dem Titel: Keltische Mythologie von A–Z, Wien (Tosa) 2004.

Sylvia und Paul F. Botheroyd, Kelten, Kreuzlingen-München (Hugendubel) 2001.

Ian Bradley, Der Keltische Weg, Keltisches Christentum auf den britischen Inseln, damals bis heute. Frankfurt am Main (Knecht) 1996.

Bertolt Brecht, Die Geschäfte des Herrn Julius Cäsar, Romanfragment, Reinbek bei Hamburg (Rowohlt) 1964.

Hans-Ulrich Cain und Sabine Rieckhoff (Hg), fromm – fremd – barbarisch, Die Religion der Kelten, Katalog zur Sonderausstellung der Universität Leipzig (13.4.2002–15.6.2002), Mainz (von Zabern) 2002.

Barry Cunliff, Die Kelten und ihre Geschichte, Bergisch Gladbach (Lübbe) 1996.

Hermann Dannheimer und Rupert Gebhard (Hg), Das keltische Jahrtausend, Ausstellungskatalog der Prähistorischen Staatssammlung (des Museums für Vor- und Frühgeschichte München) Band 23, Mainz (von Zabern) 1993.

Alexander Demandt, Die Kelten, München (Beck) 1998.

Heinz Dopsch und Roswitha Juffinger (Hg), Virgil von Salzburg, Missionar und Gelehrter, Beiträge des Internationalen Symposiums(„Der heilige Virgil und seine Zeit") vom 21.–24. September 1984 in der Salzburger Residenz, Salzburg 1985.

Mircea Eliade, Die Religionen und das Heilige, Elemente der Religionsgeschichte, Frankfurt am Main (Insel) 1998.

Peter Berresford Ellis, Die Druiden, Von der Weisheit der Kelten, München (Diederichs) 1996.

Oswald A. Erich und Richard Beitl, Wörterbuch der Deutschen Volkskunde, Stuttgart (Kröner) 1974.

Richard Fester, Maria E. P. König, Doris F. Jonas und A. David Jonas, Weib und Macht, Fünf Millionen Jahre Urgeschichte der Frau, Frankfurt am Main (Fischer) 2000.

Otto Förster, Gerhard Nägele und Gernot Spielvogel, Das Gold der Kelten, Ein historisches Abenteuer, Stuttgart (DVA) 1997.

Janine Fries-Knoblach, Die Kelten, 3000 Jahre europäischer Kultur und Geschichte, Stuttgart (Kohlhammer) 2002.

Ilse E. Friesen, The female crucifix, Images of St. Wilgefortis since the Middle Ages, Waterloo, Ontario (Wilfried Laurier University Press) 2001.

Sigrid Früh (Hg), Der Kult der Drei Heiligen Frauen, Märchen, Sagen und Brauch, Bern (edition amalia) 1998.

Verena Gassner, Sonja Jilek und Sabine Ladstätter, Am Rande des Reiches, Die Römer in Österreich, Österreichische Geschichte, 15 v. Chr.–378 n. Chr. (Hg. von Herwig Wolfram), Wien (Ueberreuter) 2002

Patrick J. Geary, Die Merowinger, Europa vor Karl dem Großen, München (Beck) 1996.

Marion Giebel, Das Geheimnis der Mysterien, Antike Kulte in Griechenland, Rom und Ägypten, Düsseldorf (Patmos) 2003.

Marija Gimbutas, The language of the Goddess, Unearthing the hidden symbols of western civilization, New York (Thames & Hudson) 2001.

Erhard Gorys, Lexikon der Heiligen, München (dtv) 2004.

Heide Göttner-Abendroth, Die Göttin und ihr Heros, München (Verlag Frauenoffensive) 1993.

Miranda Jane Green, Keltische Mythen, Stuttgart (Reclam) 1994.

Jakob Grimm, Deutsche Mythologie, Band I, (Nachdruck der 4. Auflage von 1875–78) Wiesbaden (Fourier) 2003.

Jakob Grimm, Deutsche Mythologie, Band II, (Nachdruck der 4. Auflage von 1875–78) Wiesbaden (Fourier) 2003.

Gustav Gugitz, Fest- und Brauchtumskalender für Österreich, Süddeutschland und die Schweiz, Wien (Hollinek) 1955.

Gustav Gugitz, Kärntner Wallfahrten im Volksglauben und Brauchtum, Versuch einer Bestandsaufnahme, Sonderdruck aus: Carintia I, Mitteilungen des Geschichtsvereines für Kärnten, 141. Jahrgang, Klagenfurt (Ferd. Kleinmayr) 1951.

Gustav Gugitz, Österreichs Gnadenstätten in Kult und Brauch, Band 1, Wien, Wien (Hollinek) 1955.

Gustav Gugitz, Österreichs Gnadenstätten in Kult und Brauch, Band 2, Niederösterreich und Burgenland, Wien (Hollinek) 1955.

Gustav Gugitz, Österreichs Gnadenstätten in Kult und Brauch, Band 3, Tirol und Vorarlberg, Wien (Hollinek) 1956.

Gustav Gugitz, Österreichs Gnadenstätten in Kult und Brauch, Band 4, Kärnten und Steiermark, Wien (Hollinek) 1956.

Gustav Gugitz, Österreichs Gnadenstätten in Kult und Brauch, Band 5, Oberösterreich und Salzburg, Wien (Hollinek) 1958.

Norbert Heger, Salzburg in Römischer Zeit, Jahresschrift (1973) des Salzburger Museum Carolino Augusteum, Band 19, Salzburg 1974.

Otto Holzapfel, Lexikon der abendländischen Mythologie, Freiburg-Basel-Wien (Herder) 2002.

Simon James, Das Zeitalter der Kelten, Düsseldorf (Econ) 1996.

Angus Konstam, Atlas der Kelten, Von der Hallstatt-Kultur bis zur Gegenwart, Wien (Tosa) 2002.

Martin Kuckenburg, Die Kelten in Mitteleuropa, Stuttgart (Theiss) 2004.

Lore Kufner, Getaufte Götter, Heilige zwischen Mythos und Legende, München (Pfeiffer) 1992.

Erni Kutter, Der Kult der drei Jungfrauen, Eine Kraftquelle weiblicher Spiritualität neu entdeckt, Norderstedt (Books on Demand) o. J.

Bernhard Maier, Lexikon der keltischen Religion und Kultur, Stuttgart (Kröner) 1994.

Bernhard Maier, Die Kelten, Ihre Geschichte von den Anfängen bis zur Gegenwart, München (Beck) 2000.

Bernhard Maier, Kleines Lexikon der Namen und Wörter keltischen Ursprungs, München (Beck) 2003

Jean Markale, Die Druiden, Gesellschaft und Götter der Kelten, München (Goldmann) 1989.

Jean Markale, Die Keltische Frau, Mythos, Geschichte, Soziale Stellung, München (Goldmann) 1990.

John und Caitlín Matthews, Lexikon der keltischen Mythologie, München (Heyne) 1994.

Johannes Neuhardt, Wallfahrten im Erzbistum Salzburg, München-Zürich (Schnell & Steiner) 1982.

Amt der Oberösterreichischen Landesregierung, Abteilung Kultur (Hg), Die Hallstattkultur, Frühform europäischer Einheit, (Katalog für die) Internationale Ausstellung des Landes Oberösterreich 25. April bis 26. Oktober 1980, Schloss Lamberg, Steyr, Linz 1980.

Amt der Oberösterreichischen Landesregierung, Abteilung Kultur (Hg), Severin, Zwischen Römerzeit und Völkerwanderung, (Katalog zur) Ausstellung des Landes Oberösterreich 24, April bis 26. Oktober 1982 im Stadtmuseum Enns, Linz o.J. (1982).

Róisín Ó'Mara und Diether Schlinke, Wer sind die Kelten? Beiträge aus gleichnamiger Vortragsreihe an der Volkshochschule Wien-Margareten im Herbst 1987, Beiträge zur Kultur und Geschichte der Kelten, Heft 1/1988, Wien (Monte Verita) 1988.

Flaviana Oriolo, La strada per il Norico, Die Straße nach Noricum (Italienisch/Deutsch), Gorizia (Libreria Editrice Goriziana) 2001.

Rudolf Reiser, Bayern und Salzburg um Christi Geburt, Die keltische und römische Vergangenheit, München (Buchendorfer) 2001.

Inge Resch-Rauter, Unser keltisches Erbe, Flurnamen, Sagen, Märchen und Brauchtum als Brücken in die Vergangenheit, Wien (Teletool Edition) 1994.

Sabine Rieckhoff, Faszination Archäologie, Bayern vor den Römern, Regensburg (F. Pustet) 1990.

Sabine Rieckhoff und Jörg Biel, Die Kelten in Deutschland, Stuttgart (Theiss) 2001.

Georg Rohrecker, Druiden – Wilde Frauen – Andersweltfürsten, Das Keltische Erbe in Österreichs Sagen, Wien (Pichler) 2002.

Georg Rohrecker, Die Kelten Österreichs, Auf den Spuren unseres versteckten Erbes, Wien (Pichler) 2003.

Georg Rohrecker, Heilige Orte der Kelten in Österreich, Ein Handbuch, Wien (Pichler) 2005.

Francoise Le Roux und Christian-J. Guyonvarc'h, Die Druiden, Mythos, Magie und Wirklichkeit der Kelten, Engerda (Arun) 1996.

Francoise Le Roux und Christian-J. Guyonvarc'h, Die Hohen Feste der Kelten, Engerda (Arun) 1997.

Amt der Salzburger Landesregierung, Kulturabteilung (Hg), Die Kelten in Mitteleuropa, Kultur – Kunst – Wirtschaft, (Katalog zur) Salzburger Landesausstellung 1. Mai–30. Sept. 1980 im Keltenmuseum Hallein Österreich, Salzburg 1980.

Amt der Salzburger Landesregierung, Kulturabteilung (Hg), Das älteste Kloster im deutschen Sprachraum, St. Peter in Salzburg. (Katalog zur) 3. Landesausstellung 15. Mai–26. Oktober 1982, Schätze europäischer Kunst und Kultur (zugleich VII. Sonderschau des Dommuseums zu Salzburg), Salzburg 1982.

Amt der Salzburger Landesregierung (Landesarchäologie) (Hg), Archäologie bei-
    derseits der Salzach, Bodenfunde aus dem Flachgau und Rupertiwinkel,
    Begleitbuch zur gleichnamigen Ausstellung in Anthering 1996 und Tittmo-
    ning 1997, Salzburg 1996.

Hans Christoph Schöll, Die drei Ewigen, Eine Untersuchung über germanischen
    Bauernglauben, Jena (Diederichs) 1936.

Regine Schweizer-Vüllers, Die Heilige am Kreuz, Studien zum weiblichen Gottes-
    bild im späten Mittelalter und in der Barockzeit, Bern (Peter Lang) 1999.

Otto H. Urban, Der lange Weg zur Geschichte, Die Urgeschichte Österreichs,
    Österreichische Geschichte bis 15 v. Chr. (Hg. von Herwig Wolfram), Wien
    (Ueberreuter) 2000.

Jacobus de Voragine, Legenda aurea, Heiligenlegenden, Ausgewählt, aus dem
    Lateinischen übersetzt und mit einem Nachwort von Jacques Laager, Zürich
    (Manesse) 2006.

Barbara G. Walker, Das geheime Wissen der Frauen, Engerda (Arun) 2003.

Peter S. Wells, Die Kelten: Europas Volk der Eisenzeit (Time-Life Bücher, Unter-
    gegangene Kulturen), Köln (Eco) 2001.

Juliette Wood, Die Kelten, Geschichte, Kunst und Mythen, Köln (Karl Müller)
    2004.

Herwig Wolfram, Grenzen und Räume, Geschichte Österreichs vor seiner Ent-
    stehung, Österreichische Geschichte 378–907 (Hg. von Herwig Wolfram),
    Wien (Ueberreuter) 1995.

Kurt W. Zeller, Der Dürrnberg bei Hallein, Ein Zentrum keltischer Kultur am
    Nordrand der Alpen, o. O. (Hallein) 2001.

Stefan Zimmer, Die Kelten, Mythos und Wirklichkeit, Stuttgart (Theiss) 2004.

Vera Zingsem, Der Himmel ist mein, die Erde ist mein, Göttinnen großer Kultu-
    ren im Wandel der Zeiten, Tübingen (Klöpfer & Meyer) 1995.

Register der Gottheiten und Heiligen

Name	Anmerkung	Seite
Abfalter	Kelt. Heros / Sagengestalt	76, 77, 78, 130, 161
Achatius	Heiliger / Nothelfer	111, 112, 113, 114, 121
Aeracura	Kelt. Göttin	44
Afra	Heilige	63, 78, 140, 141, 143, 166
Ägydius	Heiliger / Nothelfer	111, 114, 116
Ambeth	Kelt. Göttin / Heilige	35, 44, 45, 46, 48, 49, 53, 126, 133, 134, 146, 147, 159, 164
Anna	Heilige	45, 54, 140, 143, 144
Apfalter → Abfalter	Kelt. Heros / Sagengestalt	76
Aubeth → Ambeth	Kelt. Göttin / Heilige	45
Barbara	Heilige / Nothelferin	51, 111, 117, 118, 119, 134, 146, 147, 158
Bedaius/Bedaia	Kelt. Heros	76, 78, 128
Belenus	Kelt. Heros	9, 49, 67, 76, 77, 80, 81, 82, 89, 91, 92, 101, 119, 121, 130, 148, 159, 161, 170
Belestis	Kelt. Göttin	44, 48, 49
Bethen, Drei	Kelt. Göttinnen / Heilige	21, 35, 41, 44, 45, 46, 49, 50, 53, 66, 70, 72, 73, 74, 78, 80, 96, 104, 108, 130, 132, 133, 134, 143, 144, 146, 152, 155, 158, 159, 161, 164, 167
Blasius	Heiliger / Nothelfer	111, 119, 120, 121, 123
Borbeth	Kelt. Göttin / Heilige	36, 44, 47, 48, 49, 50, 51, 72, 74, 81, 112, 117, 118, 119, 128, 134, 146, 147, 157, 164
Bovinda	Kelt. Göttin	44, 52, 56, 73
Brigantia	Kelt. Göttin	44, 52, 53
Casuontanus	Kelt. Heros	76, 82, 83
Celeia → Keleia	Kelt. Göttin	65
Cernunnos	Kelt. Heros	44, 56, 76, 83, 84, 86, 87, 89, 93, 97, 99, 102, 105, 114, 120, 129, 137, 139, 145, 146, 148, 161, 164, 166
Christophorus	Heiliger / Nothelfer	111, 120, 121, 123, 161
Cubet → Borbeth	Kelt. Göttin / Heilige	50
Cyriakus	Heiliger / Nothelfer	111, 121, 123
Dagda	Kelt. Heros	67, 76, 85, 86, 89, 93, 94, 99, 101, 121
Dana/Danu	Kelt. Göttin	44, 45, 53, 54, 56, 85, 143, 144
Dionysius	Heiliger / Nothelfer	111, 121, 123, 124, 125, 141, 143
Drei Könige	Heilige	140, 144, 145
Einbeth → Ambeth	Kelt. Göttin / Heilige	45
Embede → Ambeth	Kelt. Göttin / Heilige	45
Epona	Kelt. Göttin	44, 52, 56, 57, 58, 59, 61
Erasmus	Heiliger / Nothelfer	111, 125, 126
Esus	Kelt. Heros	76, 84, 86, 87, 89, 93, 100, 101, 102, 104, 105, 116, 120, 148
Eustachius	Heiliger / Nothelfer	111, 128, 129
Genii cucullati	Keltoroman. Schutzgeister	76, 87, 88
Georg	Heiliger / Nothelfer	24, 82, 111, 130, 131, 148
Grannus	Kelt. Heros	72, 76, 88, 89, 134, 159
Gula	Kelt. Göttin / Sagengestalt	44, 52, 59, 60, 88
Guta	Kelt. Göttin / Sagengestalt	44, 52, 58, 60, 61
Gwerbet → Borbeth	Kelt. Göttin / Heilige	50

Register der Orts-, Berg-, Flur- und Gewässernamen

Bild- und Quellennachweis

UBI ERAT LUPA (Foto: Ortolf Harl): 100
Aleš Baloun, Budweis: 38/39, 106/07
Francisca Feraudi-Gruénais: 79
E. Grilnberger, Oberösterreichische Landesmuseen: 87
Markt Altusried, Rathausplatz 1, D-87452 Altusried, www.altusried.de: 64
Toni Anzenberger/Agentur Regina Maria Anzenberger: 41 (Naturhistorisches Museum, Wien)
© Erich Lessing Culture & Fine Arts Archive: Vor- und Nachsatz, 26/27
akg-images, Berlin: 12/13, 15, 18/19, 34, 42, 83, 102, 126
Ortwin Hesch: 94, 96
Gerhard Trumler: 6/7, 22/23, 54/55
Willfried Gredler-Oxenbauer: 2/3, 4/5, 37
Peter Kelih: 30/31
Fritzi Lukan: 21, 122, 156
Wolfgang Morscher: 50
Berit Mrugalska: 162
Bob Croxford: 75
Fasching, Wilhelmsburg: 1
Ingrid Rastl, Grundlsee: 112/13
Kunsthistorisches Museum, Wien: 72, 81, 131
Österreichische Nationalbibliothek: 10, 11
Salzburg Museum: 47, 69, 118, 160
Landesmuseum Kärnten: 67, 103 (Abdruck mit freundlicher Genehmigung von
Erich Gumpitsch, Burg Landskron)
Landesmuseum Vorarlberg: 57
Christliches Museum Esztergom: 147
Muzeum Narodowe, Warschau: 136
Stift Göttweig: 60
Stadtarchiv Innsbruck: 62
Archiv der Stadt Salzburg: 85
Bundessammlung für Medaillen, Münzen und Geldzeichen, Wien: 104
St. Oswald's Church, Hartlepool: 165
Zeichnungen von Peter Pleyel: 14, 16, 43, 92, 93
Archiv Peter Pleyel: 151, 154, 163, 170, 171
Grafik Alois Fuchs: 33
Haymon Verlag, Innsbruck: 90
August Obermayr, Römersteine zwischen Inn und Salzach (Freilassing 1974): 73, 78
Albert Bichler, Die vierzehn Nothelfer (Pattloch Verlag): 115
Hartmann Schedel, Weltchronik: 125, 134, 135, 137, 141
Hans Baldung Grien, Das graphische Werk (Unterschneidheim 1978): 142, 168, 169
Archiv Pichler Verlag: 71, 77, 97, 124, 129, 132, 145, 149

Autor und Verlag bedanken sich für die freundlichen Abdruckgenehmigungen. Die Rechts-
lage bezüglich der reproduzierten Bildvorlagen wurde – so weit möglich – sorgfältig geprüft;
eventuell berechtigte Ansprüche werden bei Nachweis vom Verlag in angemessener Weise
abgegolten.